伊藤塾
呉明植 基礎本シリーズ
GO AKIO BASIC SERIES

9 Go! Series

家族法（親族・相続）

Family Law

弁護士
伊藤塾首席講師
呉明植 著
GO AKIO

弘文堂

はじめに

　本書は、初めて家族法を学習する方、および学習上の壁に突き当たった中級者を主たる読者として想定した家族法の入門書である。

　膨大な範囲を学ばなければならない各種資格試験の受験生にとって、家族法の学習に充てることができる時間は、通常はきわめて限られている。仕事と受験勉強を両立していかなければならない社会人受験生にとってはもちろん、日々講義への出席や定期試験に追われる大学生や法科大学院生にとっても、学習時間の確保は死活問題であろう。そこで、本書では、強くメリハリを効かせ、各種資格試験対策として効率的に家族法を学習できるよう、細心の配慮を払った。

　ただし、各種資格試験は——合格が当面の目標であることは当然としても——合格しさえすればそれだけでよい、というわけではもちろんない。特に家族法は、合格後の実務において最も使う法の1つである。集中して学習することができる受験生時代に、小手先のバラバラな知識だけを得て終わるというのでは、あまりにももったいない。

　そこで、本書では、強くメリハリを効かせつつも、なお体系的に家族法を理解することができるように、また、合格後の実務にも十分に対応できる盤石な基礎力が自然と身につくように、様々な工夫を凝らして執筆したつもりである。また、少しでも興味をもって学習していただけるように、実務的な内容も控えめながら各所に散りばめておいた。今後、読者の方々からの批判をいただきつつ、より良い1冊とすることができればと願っている。

　なお、本書の執筆が終盤にさしかかった令和4（2022）年12月、臨時国会において、親族法が大きく改正された。本書は、この令和4年改正に全面的に対応した、令和5（2023）年5月現在では唯一のテキストである。

　この令和4年改正については、本文中の該当箇所に原則として 改正 というマークを付した。令和4年改正前に家族法を学んだことがある方は、このマークが付された箇所を集中的に学ぶと効率的であろうと思う。また、令和4年改正前の主要な内容も、参考資料として巻末の第3編に掲載した。必要に応じて有効活用していただけると嬉しい。

　GOシリーズの民法総則は、平成26（2014）年に刊行された。それから9年が経ち、本書の刊行をもって、ようやく民法の全範囲を刊行することができた。その間、実に多くの方々が私の講義を受講してくださり、様々な事情の中で誠実な努力を重ね、各自が立派な成績で予備試験や司法試験に合格し巣立って行った。そうした彼ら・彼女らの努

力に恥じぬよう、私は、これからも法律家を目指して日々誠実な学習を重ねている受験生諸氏を全力で応援していくつもりである。本書が、そうした受験生諸氏に対する一助となることを心から願う。

2023 年 5 月

呉　明植

1　本書の特長

⑴　必要な論点を網羅

　本書は、法科大学院入試や司法試験をはじめとした各種資格試験対策として必要となる論点をすべて網羅している。

　民法上の論点は無数にあるが、法科大学院入試や司法試験をはじめとした各種資格試験対策としては、本書に掲載されている論点を押さえておけば必要十分である。

　逆にいえば、本書に掲載されていない論点を知識として押さえておく必要は一切ない。万一それらの論点が出題された場合には、現場思考が問われていると考えてよい。

⑵　判例・通説で一貫

　本書は、一貫して判例・通説の立場を採用している。

　実務が判例・通説で動いている以上、また、試験官の全員が共有しているのは判例・通説である以上、各種試験対策として重要なのは、あくまでも判例・通説である。

　もちろん、判例・通説を理解するためには他説の理解が必要となる場合もある。本書でも必要に応じて他説を紹介しているが、それはあくまでも判例・通説を理解・記憶するための手段にすぎない。また、「有効な無駄」として最新の学説を理解していくことも有用であるが、最新の学説を理解するには判例・通説に対する深い理解が不可欠の前提となる。

　何事にも、刻むべきステップがある。まずは、本書を通じて判例・通説をしっかりと理解・記憶してほしい。そして、あえて繰り返せば、試験対策としてはそれで必要十分である。

⑶　コンパクトな解説とつまずきやすいポイントの詳述

　試験対策として1つの科目に割くことのできる時間は限られている。そこで、本書ではできる限りポイントを押さえたコンパクトな解説を心がけた。

　しかし、その一方で、初学者や中級者がつまずきやすいポイントについては、講義口調で詳細な解説を付した。

　また、試験対策として必要な場合には、一般的な講義では語られることのない踏み込んだ内容も適宜かみ砕いて詳述した。

　本書のメリハリを意識して、限られた時間を有効に活用してほしい。

⑷　書き下ろし論証パターンを添付

　試験は時間との戦いである。その場で一から論証を考えていたのでは、到底時間内にまとまった答案を仕上げることはできない。典型論点の論証を前もって準備しておくことは、試験対策として必要不可欠である。そこで、論述式試験での出題可能性が高い論

点について、「予備校教育の代名詞」ともいわれる「悪名高き」論証パターンを巻末に添付した。

　ただし、理解もせず、単に論証を丸暗記するのは、試験対策として全く意味がないばかりか、余事記載を生じさせる点で有害ですらある。ベースとなるのはあくまでも本編の記述の理解であることは忘れないでいてほしい。また、私としては現時点で私に書ける最高の論証を書いたつもりであるが、もとよりこれらの論証だけが唯一絶対の論証であるはずもない。これらを叩き台として、各自でよりいっそうの工夫を試みてほしい。

(5) ランク

　本文中の項目や論点のまとめ、巻末の論証には、重要度に応じたランクを付した。時間の短縮に有効活用してほしい。

　各ランクの意味は以下のとおりである。

- **A** 試験に超頻出の重要事項。しっかりとした理解と記憶が必要。
- **B+** 試験に超頻出とまではいえないが、Aランクに次ぐ重要事項。理解と記憶が必要。
- **B** 最初は読んで理解できる程度でもよい。学習がある程度進んだら記憶しておくと安心。
- **B-** 記憶は不要だが、一度読んでおくと安心。
- **C** 読まなくてもよいが、余裕があれば読んでおくとよい。

(6) 豊富な図

　本文中、イメージをもちづらい事案や重要な事案については、適宜事案をあらわす図を用いた。

　問題文を読み、わかりやすい図を描けるようにすることは、試験対策としてもきわめて重要である。本書の図の描き方を参考にして、自ら図を描く訓練も重ねていってほしい。

(7) 詳細な項目

　民法を理解・記憶し、自分のものとするには、常に体系を意識して学習していくことがきわめて重要である。そこで本書では、詳細な項目を付した。

　本文を読むときは、まず最初に必ず項目を読み、自分が学習している箇所が民法全体のなかでどの部分に位置するのかをしっかりと確認してほしい。また、復習の際には、項目だけを読み、内容の概略を思い出せるかをチェックすると時間の短縮になるであろう。

⑻ 全体が答案

　いくら民法の内容を理解・記憶していても、自分の手で答案を書けなければ試験対策としては何の意味もない。そして、答案を書けるようになるための1つの有効な手段は、合格答案を繰り返し熟読することである。

　この点、本書は「家族法とは何か」という一行問題に対する私なりの答案でもある。接続詞の使い方や論理の運びなどから、合格答案のイメージを自ずとつかみ取っていただけるはずである。

2　本書の使い方

⑴　論述式試験対策として

　論述式試験は、各種資格試験における天王山であることが多い。たとえば司法試験において、いかに短答式試験の成績がよくとも、しっかりとした答案を書けなければ合格は絶対にありえない。

　本書を繰り返し通読し、理解と記憶のブラッシュアップに努めてほしい。

⑵　短答式試験対策として

　短答式試験対策として、細かい知識をすべて押さえようとして自滅してしまう受験生が多い。しかし、短答式試験の合否は、実は細かい知識で決まるのではない。重要なのは、あくまでも知っていて当然の基礎知識である。勝負は、必要な基礎知識を絞り込んだうえで、それらをいかに堅固な知識とするかにかかっている。本書のメリハリを意識して、基礎知識をしっかりと押さえていってほしい。

⑶　学部試験対策として

　法科大学院入試においては、学部成績が重視されることが多い。

　まず、学部の授業の予習として本書を熟読してほしい。そのうえで先生の講義を聞けば、先生の講義を面白く聞くことができ、自ずと学習のモチベーションがあがるはずである。

　また、先生が本書の立場と異なる学説を採っておられる場合には、先生とは異なる立場で執筆した答案に対する成績評価を先輩等から聞いておいてほしい。自説以外を認めない先生だった場合には、まさに「有効な無駄」として、先生の学説を学部試験前に押さえておけばよい。

　先生の学説と本書の判例・通説との違いを意識すれば、よりいっそう判例・通説の理解が進むであろうし、学問としての民法学の深さ・面白さを味わうことができるはずである。

(4) **本書の補足・訂正など**

重要な最新判例や誤植などの情報は、適宜、拙ブログ「伊藤塾講師　呉の語り得ること。」や、弘文堂のウェブページにアップする予定である。時々チェックするようにしていただきたい。

3　今後の学習のために

(1) **演　習**

いくら法律の内容面を理解し記憶したとしても、実際に自ら問題を解くことを怠っていては何の意味もない。

演習問題としては、やはり予備試験・司法試験の過去問が最良である。日本を代表する学者や実務家が議論を重ねて作成したこれらの過去問を解くことは、理解を深め、知識を血の通ったものとするうえできわめて有用といえる。

予備試験・司法試験の過去問集は、短答式・論述式を通じて複数の出版社から発売されているので、各1冊は入手しておいてほしい。

ただし、短答式試験の過去問については、現在の司法試験が始まった平成18年からの数年間は、難問・奇問の類が目立つ。これらの古い過去問は無視するか、受験生の正答率が特に高いものだけをピックアップして演習しておけば十分である。

また、論述式試験の過去問集に載っている参考答案は、どの過去問集でも玉石混交であるから、批判的な検討も必要である。

(2) **判　例**

民法を学習するうえで、判例はきわめて重要である。手頃な判例集として、別冊ジュリスト『民法判例百選』（有斐閣）は必携の書である。

『民法判例百選』に掲載された判例を本文で引用した際には、たとえば**最判平成24・6・17**というようにゴシック文字で表記し、かつ、**百選Ⅲ1**というように百選の巻数と事件番号も付記した。ぜひ有効に活用していただきたい。

また、判例のうち重要なものについては、原文を読むと勉強になる。法学部や法科大学院でインターネット上の判例検索サービスを利用することができる場合には、大いに活用してほしい。

判例についての解説としては、『民法判例百選』の解説がとても役に立つ。試験対策のうえで最も有用な参考書でもあるので、ぜひ解説も精読してほしい。

(3) **体系書**

学者の書いた体系書としては、前田陽一・本山敦・浦野由紀子『リーガルクエスト民

法Ⅵ　親族・相続〔第6版〕』（有斐閣）が標準的なテキストとして使いやすい。また、二宮周平『家族法〔第5版〕』（新世社）も、高名な家族法学者による刺激的な良書である。ただし2023年5月現在、いずれのテキストも令和4年の親族法の改正には未対応である。

　相続法については、潮見佳男『詳解相続法〔第2版〕』（弘文堂）がよい。試験対策としては詳しすぎる内容が多いが、論理が明晰で読みやすく、辞書的にも使うことができる。将来の実務にも役立つ1冊なので、興味のある方は買っておいて絶対に損はないはずである。

参考文献一覧

本書を執筆するにあたり多くの文献を参照させていただきました。そのすべてを記すことはできませんが主なものを下に掲げておきます。なお、本文中にこれらの文献の文章表現を引用させていただいた箇所もありますが、本書はいわゆる学術書ではなく、学習用の教材ですので、その性質上、学習において必要な部分以外は引用した文献名を逐一明記することはしませんでした。

ここに記して感謝申し上げる次第です。

我妻榮『親族法』(有斐閣・1961)

二宮周平『家族法［第5版］』(新世社・2019)

前田陽一・本山敦・浦野由紀子『リーガルクエスト民法Ⅵ　親族・相続［第6版］』(有斐閣・2022)

高橋朋子・床谷文雄・棚村政行『有斐閣アルマ民法7　親族・相続［第6版］』(有斐閣・2020)

内田貴『民法Ⅳ　親族・相続［補訂版］』(東京大学出版会・2004)

潮見佳男『詳解　相続法［第2版］』(弘文堂・2022)

堂薗幹一郎・野口宣大『一問一答　新しい相続法［第2版］』(商事法務・2020)

村松秀樹・大谷太編著『Q&A　令和3年　改正民法・改正不登法・相続土地国庫帰属法』(金融財政事情研究会・2022)

片岡武・管野眞一編著『家庭裁判所における遺産分割・遺留分の実務［第4版］』(日本加除出版・2021)

民法（親子法制）部会資料　法務省ウェブページ

『新版注釈民法(21)-(28)』(有斐閣・1989-2013)

『注釈民法(20) (26)』(有斐閣・1966-1973)

『新注釈民法(19)』(有斐閣・2019)

松川正毅・窪田充見編『新基本法コンメンタール　親族［第2版］』(日本評論社・2019)

松川正毅・窪田充見編『新基本法コンメンタール　相続』(日本評論社・2016)

『最高裁判所判例解説　民事篇』(法曹会)

大村敦志・沖野眞已編『民法判例百選Ⅲ親族・相続［第3版］』(有斐閣・2023)

● 第1編 ● **親族法** 　　　　　　1

第1章 　**親族**────3

第2章 　**婚姻**────8

第3章 　**離婚**────20

第8章　後見・保佐・補助 —————79

第9章　扶養 —————92

●第2編● **相続法** 97

第1章 **相続法総論**——————99

第2章 **法定相続**——————102

第3章　遺言————————175

contents

論証カード 一覧

第 **1** 編

親族法

　民法典は、第4編で親族について定め、第5編で相続について定めている。講学上、第4編を親族法、第5編を相続法という。また、両者を合わせて、家族法という。

　まずは親族法について見ていこう。

親族

　民法典の第4編に定められた親族法は、婚姻や離婚、養子縁組などの、親族に関する事項を定めたパートである。

　これから親族法を学ぶにあたって、まずは「親族」という概念を理解することが必要であるが、そのためには、①血族、②姻族、③親等という3つの概念について知っておく必要がある。

1. 血族

　血族とは、法的親子関係の連鎖でつながる者をいう。

血族 ─── ┬ 自然血族 / 法定血族 ┬ 直系血族 / 傍系血族 ┬ 尊属 / 卑属

1　自然血族と法定血族　A

　この血族は、自然血族と法定血族に分かれる。

　自然血族とは、出生による血縁の関係にある者をいう。いわゆる「血のつながった者」を、自然血族というわけである。

法定血族とは、養子縁組によって血縁が擬制される者をいう。血のつながりがなくとも、養子縁組をすれば、なお血族関係が生じるわけである。

2 直系血族と傍系血族) Ａ

また、血族は、直系血族と傍系血族に分かれる。

直系血族とは、親子や、祖父母と孫などのように、世代が上下に直線的に連なる血族をいう。

傍系血族とは、兄弟姉妹などのように、共同の祖先を介して連なる血族をいう。

> たとえば、Ａに子Ｘと子Ｙがいる場合、ＡとＸ、ＡとＹはそれぞれ直系血族です。その一方で、兄弟姉妹であるＸとＹは、共同の祖先（始祖）であるＡを介してはじめてつながる関係（いわば横の関係）にありますから、傍系血族にあたります。

3 尊属と卑属) Ａ

さらに、血族は、尊属と卑属に分かれる。

尊属とは、血族のうち自分より先の世代にある者（父母・祖父母など）をいう。

卑属とは、血族のうち自分より後の世代に属する者（子・孫など）をいう。

尊属か卑属かは、あくまでも世代の問題であり、年上か年下かということとは関係がない。たとえば、叔父の方が甥よりも年下だったとしても、叔父は尊属にあたり、甥は卑属にあたる。

2. 姻族 Ａ

次に、姻族とは、①自己の配偶者の血族および②自己の血族の配偶者をいう。この定義はしっかりと覚えておいてほしい。

たとえば、Ａ・Ｂが配偶者であり、ＸがＡの親である場合、ＢとＸはお互いに姻族にあたる。なぜなら、ＢにとってＸは自己の配偶者Ａの血族であり（上

記①）、また、Xにとって B は自己の血族 A の配偶者だからである（上記②）。

　他方で、A の親 X と B の親 Y は、姻族ではない。なぜなら、X にとって Y は自己の血族 A の配偶者 B の血族であり、また、Y にとって X はやはり自己の血族 B の配偶者 A の血族だからである。最後の「の血族」という点で、上記②の範囲を超えているわけである。

---

3. 親等　　　　　　　　　　　　　　Ａ

　最後に、親等とは、親族関係の近さを示す単位のことをいう。

　親等は、次のように算出する。

　①直系血族間の親等は、世代数によって算出する（726条1項）。

　②傍系血族間の親等は、共通の祖先までさかのぼり、かつそこから下るまでの世代数によって算出する（726条2項）。

　③配偶者間には親等はない。

　以上の点は確実に覚えておこう。

　たとえば、A・B が配偶者、C・D がその子、E が C の子の場合、①直系血族である A と C・D は 1 親等、同じく直系血族である A と E は 2 親等です。また、②傍系血族である C と D は 2 親等、E と D は 3 親等となります。③配偶者である A・B 間には親等はありません。

　これらの親等の計算は、正確にできるようにしておきましょう。

4. 親族の意義 A

以上を前提として、ようやく親族の概念にたどり着くことができる。

すなわち、親族とは、①6親等内の血族、②配偶者、③3親等内の姻族をいう（725条）。これはしっかりと覚えておこう。

> この親族の概念のうち、③の「3親等内の姻族」という点は、親等と姻族という2つの要素がミックスされているため、意外とややこしいのではないかと思います。簡単な事例で理解を確認してみましょう。
>
>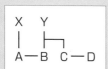
>
> たとえば、Xの子AとYの子Bがそれぞれの配偶者であり、CがYの子（Bの兄弟姉妹）、DがCの配偶者だとします。
> この事案で、AとCが親族か否かを検討してみましょう。Aにとって Cは、自己の配偶者であるB方の親族、すなわち姻族です。CにとってのAも、自己の血族であるBの配偶者、すなわち姻族です。したがって、AとCが3親等内であれば、AとCは親族ということになります（上記③）。この点、AにとってCは自己の配偶者Bの兄弟姉妹ですから、2親等です。CにとってのAも、同様に2親等です。したがって、AとCは3親等内の姻族といえ、親族にあたります。いわゆる「義理の兄弟」は、民法上も親族にあたるわけです。
> 次に、AとDは親族でしょうか。その答えはNOです。なぜなら、AにとってDは自己の配偶者Bの血族Cの配偶者であり、また、DにとってAは自己の配偶者Cの血族Bの配偶者であるため、そもそも「姻族」（上記③）にあたらないからです。
> 最後に、XとYが親族にあたらないという点は、すでに検討したとおりです（➡4ページ **2.**）。
> 親族にあたるか否かは、**扶養義務**の有無（877条）や**近親婚**の該当性（734条以下）などを決するポイントとなります。正確に判断できるようにしておきましょう。

5. 親族関係の終了

親族関係の終了原因としては、以下の2つがやや重要である。

1 養親子関係の終了 B

養子と養親の養親子関係は、離縁（➡60ページ **5**、64ページ **4**）や縁組の取

消し（→ 59 ページ **4**）によって終了する。

　また、それに伴って、養子と養親の親族（養方）との法定血族関係も終了し、縁組後に養子に生じた配偶者・直系卑属・直系卑属の配偶者と、養方との親族関係も終了する（離縁につき 729 条）。

　　　たとえば、Ｘ と Ａ が養子縁組によって養親子となった後に、養子 Ａ が Ｂ と婚姻し、Ａ・Ｂ 間に子 Ｃ が生まれ、さらに Ｃ が Ｄ と婚姻したとします。この場合、Ｘ・Ａ 間のみならず、Ｘ・Ｂ 間や Ｘ・Ｃ 間、Ｘ・Ｄ 間にも、法定血族関係が生じます。

　　　しかし、その後に Ｘ と Ａ が離縁した場合は、Ｘ・Ａ 間のみならず、Ｘ・Ｂ 間や Ｘ・Ｃ 間、Ｘ・Ｄ 間の法定血族関係も、その土台である Ｘ・Ａ 間の法定血族関係が終了した以上、ことごとく終了するわけです。

2　3 親等内の姻族であることによる親族関係の終了　**B**

　3 親等内の姻族であることによる親族関係は、離婚や婚姻の取消しによって、当然に終了する（728 条 1 項、749 条）。

　では、配偶者の一方が死亡した場合はどうか。この場合は、3 親等内の姻族であることによる親族関係は当然には終了しない。ただし、生存配偶者が姻族関係終了の意思表示をすれば、その時点でかかる親族関係は終了する（728 条 2 項）。この点は覚えておこう。

　　　たとえば、Ａ と Ｂ が離婚した場合、Ａ と、Ｂ の父 Ｃ との親族関係は、当然に終了します。したがって、以後はたとえば Ａ は Ｃ を扶養する義務を負いません。

　　　これに対し、Ｂ が死亡した場合は、Ａ と Ｂ の父 Ｃ との親族関係は存続します。そのため、Ａ は Ｃ を扶養する義務を負う可能性があります（877 条 2 項）。ただし、Ａ が姻族関係終了の意思表示をすれば、Ａ と Ｃ の親族関係は終了し、以後、Ａ は Ｃ を扶養する義務を負うことはなくなるわけです。

第 2 章

婚姻

婚姻とは、当事者が終生の共同生活を約する私法上の契約をいう。
以下、婚姻の要件と効果について説明しよう。

1. 婚姻の要件

1 婚姻の成立要件——婚姻の届出 **A**

　民法は、「婚姻は、戸籍法……の定めるところにより届け出ることによって、その効力を生ずる」と定めている（739条1項）。この規定が要求する婚姻の届出は、婚姻の成立要件と解されている（通説）。これはしっかりと覚えておこう。

　したがって、たとえ長年にわたって事実婚の状態が続いていたとしても、婚姻の届出がなければ、婚姻は成立しない。

　婚姻の届出は、当事者双方および成年の証人2人以上が署名した書面で、またはこれらの者から口頭で、しなければならない（739条2項）。

　婚姻の届出の受理にあたって、戸籍係は、婚姻が法令に違反するか否かを審査する権限を有する（740条）。ただし、この審査権限は形式的審査権限にとどまる。したがって、たとえば必要的記載事項が欠けていることを理由として婚姻届の受理を拒否することはできるが、自署でないことを理由として婚姻届の受理を拒否することはできない。

> 　婚姻・離婚・縁組・離縁・認知などの、人の家族関係に関する法律行為は、戸籍への届出によって当該行為が成立するという特徴を有しています。そのため、通常の法律行為とは区別し

て、これらの行為は**身分行為**とよばれることがあります。

　ちなみに、身分行為という場合の「身分」は、封建的な士農工商の身分を指すわけではもちろんありません。個人の属性（年齢・性別・国籍など）や家族関係（誰と夫婦・親子・兄弟姉妹の関係にあるかなど）を総合的に指して、「身分」とよんでいるのです。

2　婚姻の有効要件──婚姻意思　　**A**

　次に、婚姻の届出によって婚姻が成立した場合であっても、婚姻意思に欠ける場合は、婚姻は無効となる（742条1号）。

　すなわち、婚姻意思の存在は、婚姻の有効要件である。

ア　婚姻意思の内容　➡論証1

　もっとも、婚姻の有効要件である婚姻意思の内容をいかに解するべきかについては、争いがある。

（ア）実質的意思説（判例・通説）

　判例（最判昭和44・10・31百選Ⅲ1）・通説は、婚姻意思とは、社会観念上夫婦と認められる関係を作ろうとする意思をいうと解している。この見解は、実質的意思説とよばれる。しっかりと覚えておこう。

　この実質的意思説からは、婚姻の届出を行う意思は有していたものの、社会観念上夫婦と認められる関係を作ろうとする意思を有していなかった場合は、婚姻意思に欠けることとなるため、婚姻は無効となる。たとえば、偽装結婚の意思で婚姻の届出をした場合は、婚姻は無効となるわけである。

　生活事実のないところに法的関係を認めるべきではない以上、この実質的意思説が妥当であろう。

　　ただし、判例・通説の要求する「社会観念上夫婦と認められる関係を作ろうとする意思」は、必ずしも「将来的に夫婦共同生活を営む意思」とイコールというわけではありません。「将来的に夫婦共同生活を営む意思」を有していなくても、「社会観念上夫婦と認められる関係を作ろうとする意思」が認められることはありえます。

　　たとえば、①十数年来にわたって事実上の夫婦共同生活にあった男性や、②将来婚姻することを目的に性的関係を継続していた男性が、自らの死期を悟って死の間際に行った婚姻（いわゆる臨終婚）を考えてみましょう。確かにこれらの臨終婚は、女性に相続権や遺族年金などを保障することを目的とした婚姻であり、当事者に「将来的に夫婦共同生活を営む意思」は認められません。しかし、なお「社会観念上夫婦と認められる関係を作ろうとする意思」は認められますから、婚姻は有効です。

　　判例も、同様の事案で婚姻を有効としています（①につき最判昭和44・4・3民集23-4-

709、②につき**最判昭和45・4・21百選Ⅲ2**)。

（イ）形式的意思説

以上に対し、婚姻意思とは、婚姻の届出を行う意思をいうと解する少数説もある。この見解は、形式的意思説とよばれる。

この形式的意思説からは、偽造結婚の意思で婚姻の届出をした場合であっても、届出を行う意思を有する限り、婚姻意思が認められ、婚姻は有効となる。

イ　婚姻意思の存在時期

婚姻意思は、届出のときに存在していなければならない。これは当然といえよう。

したがって、以前は婚姻意思を有していたものの、届出の時点では婚姻意思を失っていた場合は、婚姻は有効に成立しない。

ただし、届出の時点で当事者に意識があることは、必ずしも必要ではない。たとえば、届出が受理された当時意識を失っていた場合であっても、将来婚姻することを目的に性的交渉を続けてきた者が、婚姻意思を有し、かつ、その意思に基づいて婚姻の届書を作成したときは、その受理前に翻意したなど特段の事情のない限り、かかる届書の受理により婚姻は有効に成立する（**最判昭和45・4・21百選Ⅲ2**)。

ウ　無効な婚姻の追認

AがBの意思に基づかないで勝手にA・Bの婚姻届を作成し、婚姻の届出をした場合、Bの婚姻意思に欠けるため、婚姻は無効である。

ただし、A・Bに夫婦としての実質的生活関係が存在しており、後にBがかかる届出の事実を知ってこれを追認したときは、116条の類推適用により、婚姻はその届出の当初にさかのぼって有効となるとするのが判例である（**最判昭和47・7・25百選Ⅲ3**)。

エ　婚姻の無効

上記で述べたとおり、婚姻意思に欠ける婚姻は、追認が認められない限り、当然に無効である（742条1号)。

なお、742条2号本文は、婚姻の届出をしないときも婚姻を無効としている。しかし、届出は婚姻の成立要件と解されることから（➡8ページ **1**）、婚姻の届出をしないときは、婚姻は無効なのではなく、そもそも不成立である。したがって、742条2号本文は無意味な規定であり、証人要件を満たさない届出であっても受理されれば有効とする同号ただし書だけが意味を有すると解されている（通説）。

3 婚姻の取消し ） B+

婚姻の届出がなされ、かつ婚姻意思がある限り、婚姻は有効に成立する。

しかし、かかる婚姻は、確定的に有効とは限らない。婚姻の取消しの原因が存する場合は、婚姻は取消しの対象となるのである（743条）。

ア 婚姻の取消しの原因 改正

婚姻の取消しの原因には、まず、①婚姻適齢違反（731条）、②重婚（732条）、③近親婚（734条から736条）の3つがある。これらの取消しの原因を、婚姻障害事由という。なお、女性の再婚禁止期間を定めていた733条は、令和4（2022）年の改正で削除された（改正前の内容については➡209ページ **1.**）。

また、④詐欺・強迫（747条）による場合も、婚姻は取り消すことができる。

以下、これらの婚姻の取消しの原因を説明する。

（ア）婚姻適齢

男女ともに18歳にならなければ、婚姻をすることができない（731条）。

18歳未満の者の婚姻は、たとえ婚姻の届出が受理され婚姻が成立しても、取消しの対象となる（743条・744条1項）。

（イ）重婚

配偶者のある者は、重ねて婚姻（重婚）をすることができない（732条）。

重婚の届出が受理され婚姻が成立しても、取消しの対象となる（743条・744条1項）。

（ウ）近親婚

①直系血族または3親等内の傍系血族の間では、婚姻をすることができない（734条1項本文）。これは、優生学的観点からの規制である。

ただし、その例外として、養子と養方の傍系血族は、婚姻をすることができ

る（734 条 1 項ただし書）。たとえば、養子とその養親の実子（＝養方の兄弟姉妹）
は、婚姻することができる。かかる婚姻については、優生学的にも、倫理的に
も問題がないからである。

②特別養子縁組が成立すると、養子と実方の親族関係は終了する（➡ 64 ペー
ジ **3**）。しかし、その後も、特別養子縁組にかかる養子と実方の直系血族または
3 親等内の傍系血族は、なお婚姻をすることができない（734 条 2 項）。これも、
優生学的観点からの規制である。

> 実方・養方という用語が出てきましたが、**実方**とは、養子からみて自分の自然血族関係にあ
> る親族の側（養子と血のつながった親族の側）をいい、**養方**とは、養親を通じての親族の側
> （養子と血のつながっていない親族の側）をいいます。

③直系姻族の間でも、婚姻をすることはできない。離婚などにより姻族関係
が終了した後も同様である（735 条）。たとえば夫 A は、その妻 B と離婚した後
も、B の母 C と婚姻することはできない。これは、倫理的観点からの規制であ
る。

④養子もしくはその配偶者または養子の直系卑属もしくはその配偶者と養親
またはその直系尊属との間でも、婚姻をすることはできない。離縁した後も同
様である（736 条）。これも、倫理的観点からの規制である。

これらの規制に違反した婚姻は、取消しの対象となる（743 条・744 条 1 項）。

> ④で述べた 736 条を読みこなすためには、「又は」と「若しくは」を読み分けることが必要
> です。
> 「又は」と「若しくは」は、日常用語としては同じ意味で用いられていますが、法文では、
> 両者は次のルールによって使い分けられているのが通常です。
> まず、単純な選択的接続の場合は、「又は」が用いられます。次に、選択的接続の段階が複
> 雑で二段階以上になる場合は、小さい接続には「若しくは」が用いられ、大きな接続には「又
> は」が用いられます。
> この観点から読み解くと、736 条は以下の図のような構造となっています。

> つまり、①養子と養親、②養子と養親の直系尊属、③養子の配偶者と養親、④養子の配偶者
> と養親の直系尊属、⑤養子の直系卑属と養親、⑥養子の直系卑属と養親の直系尊属、⑦養子

の直系卑属の配偶者と養親、⑧養子の直系卑属の配偶者と養親の直系尊属、という8つの類型（すべて離縁した後も含む）の婚姻を、736条は近親婚として禁じているわけです。

この736条の内容自体を丸暗記する必要はありませんが、その内容を正確に読みとれるようにしておきましょう。

（エ）詐欺または強迫

最後に、婚姻が詐欺または強迫による場合も、取消しの対象となる（747条）。

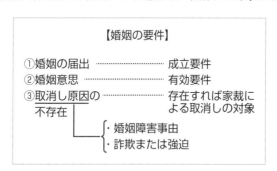

イ　婚姻の取消請求

以上の婚姻の取消しの原因がある場合であっても、婚姻は当然には無効ではない。

一定の請求権者が家庭裁判所に婚姻の取消しを請求し（743条以下。具体的には、一定の請求権者が家庭裁判所において婚姻の取消しの訴えを提起する。人事訴訟法2条1号参照）、家庭裁判所による婚姻の取消しがあった場合に、はじめて婚姻は無効となる。このことは覚えておこう。

（ア）請求権者

婚姻の取消しの請求権者は、取消しの原因によって異なる。

まず、婚姻障害事由の存在を理由とする取消しは、公益にかかわるため、その請求権者の範囲は広い。すなわち、①婚姻の各当事者に加えて、②その親族、さらには③婚姻の当事者双方が存命中の場合の検察官も、それぞれ請求権者とされている（744条1項）。

ただし、婚姻適齢の規定に違反することを理由とする場合で、不適齢者がすでに適齢に達しているときは、親族（②）や検察官（③）は、取消しを請求することはできない（745条1項）。婚姻の各当事者（①）は、適齢に達した後も、3

か月間は取消しを請求することができるが（同条2項本文）、適齢に達した後に追認したときは、取消しを請求することはできなくなる（同項ただし書）。

重婚の禁止に違反したことを理由とする場合は、④前婚の配偶者も、請求権者となる（744条2項）。

以上に対し、詐欺・強迫を理由とする取消しの請求権者は、詐欺・強迫によって婚姻した者に限られる（747条1項）。ただし、詐欺を発見しもしくは強迫を免れた後3か月を経過した場合、または追認をした場合は、取消権は消滅する（同条2項）。

（イ）取消しの効果

家庭裁判所による婚姻の取消しは、将来に向かってのみその効力を生ずる（748条1項）。婚姻の取消しには遡及効がないわけである。

したがって、たとえば婚姻後、その取消し前に生まれた子は、婚姻が取り消されても嫡出子たる身分（➡ 42ページ **1**）を失わない。協議離婚の取消しの効果（➡ 21ページ**エ**）と対比して、この点はしっかりと覚えておこう。

2. 婚姻の効果

婚姻が成立すると、多様な効果が生じる。以下、これらの効果について説明する。

1　夫婦同氏の強制 　**A**

夫婦は、婚姻の際に、夫の氏か妻の氏のどちらかを選択しなければならない（夫婦同氏の原則。750条）。婚姻の効果として、夫婦の同氏が強制されているわけである。

なお、このように法律で夫婦の同氏が強制されている国は世界でも日本だけであり、深刻かつ重大な憲法問題が生じていることは、憲法で学んだとおりである（➡憲法［第2版］147ページ **2**）。

2　同居・協力・扶助義務　B⁺

　夫婦は、①同居、②協力、③扶助の各義務を負う（752条）。

　これらの義務のうち、①の同居義務については、その性質上、直接強制にも間接強制にもなじまないため、これを強制する手段はない。

　②の協力義務の内容は、各当事者の事情によって異なるが、日常生活の維持、病者の看護、子の養育などが含まれうる。

　③の扶助義務とは、経済的援助をする義務をいう。この扶助義務は、婚姻費用の分担というかたちで履行されることが多い（➡ 17ページ（イ））。

3　貞操義務　B⁺

　明文はないものの、夫婦は相互に貞操義務を負うと解されている。

　この貞操義務と関連して、夫婦の一方が不貞行為をした場合の不法行為責任という重要な問題がある。

　まず、夫婦の一方が不貞行為をした場合は、①その不貞行為の相手方は、他方の夫または妻の権利を侵害したものとして、他方の夫または妻に対して不法行為責任を負う（最判昭和54・3・30民集33-2-303）。

　ただし、その例外として、不貞行為の当時婚姻関係がすでに破綻していたときは、特段の事情のない限り、不貞行為の相手方はかかる不法行為責任を負わない（最判平成8・3・26百選Ⅲ11）。

　また、②不貞行為をした夫または妻は、自らの配偶者に対して不法行為責任を負う。

　そして、③不貞行為は、不貞行為の相手方と不貞行為をした夫または妻の共同不法行為にあたる。したがって、それぞれの負う損害賠償債務は、不真正連帯債務となる。

　以上の内容は、しっかりと覚えておこう。

　　たとえば、Aの配偶者であるBが、Cと不貞行為に及んだとします。
　　この場合、Cは、原則としてAに対して不法行為責任を負います（①）。ただし、その例外として、A・Bの婚姻関係がすでに破綻していた場合は、Cは不法行為責任を負いません。
　　また、Bも、Aに対して不法行為責任を負います（②）。
　　そして、以上のCとBによる不貞行為は、Aを被害者とする共同不法行為にあたるため、

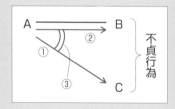

Cの不法行為責任（①）とBの不法行為責任（②）は不真正連帯債務となります（③）。したがって、たとえばCの①の損害賠償債務額が200万円、Bの②の損害賠償債務額が100万円の場合、CとBはそれぞれ300万円全額の支払債務を負担することになるわけです。

4 夫婦間の契約取消権　B+

　立法論としてその合理性に強い批判があるものの、夫婦間でした契約は、婚姻中、いつでも、夫婦の一方からこれを取り消すことができるとされている（754条本文）。

　ただし、婚姻が実質的に破綻している場合は、この規定によって夫婦間の契約を取り消すことは許されない（最判昭和42・2・2民集21-1-88）。

　なお、かかる取消しによって、第三者の権利を害することはできない（754条ただし書）。

5 その他の効果──夫婦財産制

　その他の婚姻の効果としては、姻族関係の発生（725条、728条）、夫婦財産制（755条以下）、子が嫡出子となること（772条、789条）、配偶者相続権の発生（890条）がある。

　これらのうち、ここでは夫婦財産制について説明する。

ア　夫婦財産制その1──夫婦財産契約　B-

　夫婦は、共同生活を営む。夫婦の各財産は共同で使用され、また互いの協力で新たな財産が形成されていく。

　そうした夫婦間の財産関係について、夫婦は、契約を締結して自由に夫婦の財産関係を決めることができる（755条）。たとえば、「夫の収入は、例外なくすべて妻との共有とする」との契約を夫婦間で締結することができるわけである。

　そして、この契約が締結された場合、夫婦の財産関係は、その契約によって規律される。この契約を、夫婦財産契約という。

　この夫婦財産契約の内容については、特に制限はない。

ただし、夫婦財産契約は、婚姻の届出前に締結して、その旨の登記をしておかなければ、これを夫婦の承継人（相続人、包括受遺者）や第三者に対抗することができない（756条）。

　また、婚姻の届出の後は、原則として夫婦財産契約の内容を変更することができない（758条）。

> 　つまり、実際に結婚してみてから、夫婦間の財産関係について、やはりこうしておいた方がよかった、ああしておけばよかったなどと後悔したとしても、新たに夫婦財産契約を締結することはできず、また、すでに締結している夫婦財産契約の内容を変更することもできないわけです。そのため、夫婦財産契約はきわめて使い勝手の悪い制度と言わざるを得ません。実務でも、夫婦財産契約はほとんど利用されていません。

イ　夫婦財産制その２──法定の夫婦財産制　A

　夫婦財産契約が締結されなかった場合は、夫婦間の財産関係については、法定の夫婦財産制が適用されることになる。

　以下、法定の夫婦財産制について説明する。

（ア）夫婦別産制

　まず、夫婦の一方が婚姻前から有する財産、および婚姻中自己の名で得た財産は、その者が単独で有する特有財産となる（762条1項）。

　このように、夫婦といえども自分の物は自分の物であるという制度を、夫婦別産制という。

　他方で、夫婦のいずれに属するか明らかでない財産は、その共有に属するものと推定される（762条2項）。

（イ）婚姻費用の分担

　夫婦は、その資産、収入その他一切の事情を考慮して、婚姻費用を分担する（760条）。

　婚姻費用とは、婚姻家族（夫婦とその間の未成熟子）の共同生活を維持するために通常必要な費用をいう。たとえば、衣食住の費用や子の養育費などが、婚姻費用の例である。実務では、婚費と略称されることが多い。

　たとえ婚姻が破綻している場合であっても、離婚しない限り、原則として婚姻費用を分担する義務を免れることはできない。たとえば、妻と別居しているとしても、その夫は、妻や未成熟子に対して、原則として婚姻費用を支払う義

務を負い続けるわけである。

婚姻費用の算定においては、実務上、東京家庭裁判所および大阪家庭裁判所に所属する裁判官が作成した「養育費・婚姻費用算定表」が参考にされることが多い。この算定表はインターネットで検索すればすぐに出てくるので、一度目を通しておいてほしい。

（ウ）日常家事債務

夫婦の一方が日常の家事に関して第三者と法律行為をしたときは、他の一方は、これによって生じた債務について、連帯してその責任を負う（761条本文）。

「日常の家事に関」する法律行為とは、個々の夫婦がそれぞれの共同生活を営むうえにおいて通常必要な法律行為をいう（**最判昭和44・12・18百選Ⅲ9**）。

また、「連帯して……責任を負う」とは、連帯債務を負うという意味である（通説）。

したがって、たとえば夫が、顔なじみの近所のベーカリーで、いわゆるツケ払いで朝食用のパンを購入した場合、そのパンの代金債務は、761条本文によって夫と妻の連帯債務となる。

なお、第三者に対し責任を負わない旨を予告した場合は、連帯債務は発生しない（761条ただし書）。たとえば、夫がツケ払いで朝食用のパンを購入するのに先立って、売主たるベーカリーの店主に対して「妻は連帯責任（連帯債務）を負わない」と予告した場合は、妻は連帯債務を負わないわけである。

（エ）日常家事代理権 ➡論証2

以上の761条は、直接的には連帯責任の規定であり、代理権の規定ではない。

しかし、夫婦生活を維持するうえでの便宜を図るためには、夫婦相互に日常の家事に関する法律行為の法定代理権を認める必要がある。

そこで、761条を根拠として、夫婦相互に日常の家事に関する法律行為の法定代理権が認められると解するのが通説である。判例も、かかる法定代理権を認めている（**最判昭和44・12・18百選Ⅲ9**）。

なお、この夫婦相互の法定代理権は、①通常の代理と異なって顕名が不要であり、また②代理行為の効果が代理人にも生じる、という特殊な代理権であると解されている。

❓ 夫婦相互に法定代理権が認められるか　**A**

結論：761条により、夫婦相互に日常の家事に関する法律行為の法定代理権が認められる（判例・通説）。
理由：夫婦が相互に代理権を持たないとすると、日常の家事を処理するについて不便が生じる。

そして、「日常の家事に関する法律行為」にあたるか否かは、単に夫婦の共同生活の内部的な事情やその行為の個別的な目的のみを重視して判断すべきではなく、さらに客観的に、その法律行為の種類、性質等をも十分に考慮して判断すべきである（最判昭和44・12・18百選Ⅲ9）。

❓「日常の家事に関する法律行為」にあたるか否かの判断基準　**A**

結論：単に夫婦の共同生活の内部的な事情やその行為の個別的な目的のみを重視して判断すべきではなく、さらに客観的に、その法律行為の種類、性質等をも十分に考慮して判断すべきである（判例・通説）。
理由：761条は夫婦の一方と取引関係に立つ第三者の保護を目的とする規定であるから、その夫婦の立場のみに立って判断するのは妥当でない。

この日常家事代理権の範囲外の代理行為が無権限で行われた場合、この日常家事代理権は、110条の基本代理権にはあたらない。ただし、かかる代理行為の相手方である第三者において、その行為が当該夫婦の日常の家事に関する法律行為の範囲内に属すると信ずるにつき正当の理由のあるときには、110条の趣旨が類推適用される（最判昭和44・12・18百選Ⅲ9）。

以上の各内容は、民法総則で詳しく学んだとおりである（➡民法総則［第3版］243ページ **3**）。

❓ 761条の法定代理権を基本代理権として110条を適用できるか　**A**

結論：①適用できない。
　　　②ただし、当該越権行為の相手方である第三者において、その行為が当該夫婦の日常の家事に関する法律行為の範囲内に属すると信ずるにつき正当の理由のあるときには、110条の趣旨を類推適用することができる（判例）。
理由：①適用を認めれば、夫婦の財産的独立（762条参照）の趣旨を没却する。
　　　②相手方の取引安全を図る必要がある。

第 3 章

離婚

婚姻の解消原因には、離婚、夫婦の一方の死亡、婚姻の取消しがあるが、これらの中で離婚が最も重要である。

離婚には、①協議離婚（763条）、②調停離婚（家事事件手続法244条）、③審判離婚（同法284条）、④裁判離婚（770条、771条）の4種類がある。

まず、それぞれの離婚の意義ないし要件について説明し、その後に離婚の効果について説明しよう。

1. 離婚の意義・要件

1 協議離婚 A

協議離婚は、夫婦間で離婚の合意がまとまり、それを戸籍法の定めるところに従い届け出ることによって成立する（763条、764条・739条）。

この場合の離婚を、協議離婚という。

ア 協議離婚の成立要件──離婚の届出

婚姻の届出と同じく、離婚の届出は、協議離婚の成立要件である（通説）。

イ 協議離婚の有効要件──離婚意思

次に、いくら協議離婚の届出があった場合でも、当事者に離婚意思が認められない場合は、協議離婚は無効と解されている。すなわち、明文はないものの、離婚意思は協議離婚の有効要件である。

判例も、届出当時に離婚意思を欠いていることが明確であれば、協議離婚の届出は無効としている（**最判昭和 34・8・7 百選Ⅲ 13**）。ただし、離婚意思を欠く届出の追認は認められる（最判昭和 42・12・8 家月 20–3 -55）。

ウ　離婚意思の内容

この、協議離婚の有効要件と解されている離婚意思の内容をいかに解するべきかについては、争いがある。

（ア）形式的意思説（判例・通説）

判例（**最判昭和 57・3・26 百選Ⅲ 12**）・通説は、離婚意思としては**離婚の届出に向けられた意思**で足りると解している。この見解は、形式的意思説とよばれる。婚姻意思（**➡ 9 ページ 2**）と区別して、しっかりと覚えておこう。

この形式的意思説からは、他の目的の達成のための便法としての協議離婚の届出の場合も、なお離婚意思は認められ、有効となる。たとえば、妻に居住用不動産を財産分与し（768 条）、もって夫の債権者による同不動産への差押えを妨害することを目的とする協議離婚も、なお有効なわけである。

（イ）実質的意思説

以上に対し、夫婦の結合を解消する意思まで必要とする少数説もある。この見解は、実質的意思説とよばれる。

この実質的意思説からは、差押えを妨害することを目的とする上記の協議離婚は、無効となる。

エ　協議離婚の取消し

婚姻と異なり、協議離婚の取消しの原因は限られている。

すなわち、詐欺・強迫によって離婚した者は、離婚の取消しを家庭裁判所に請求することができるが（764 条・747 条 1 項）、それ以外に協議離婚の取消しは認められない。

なお、詐欺を発見し、もしくは強迫を免れた後、3 か月を経過した場合、または追認をした場合は、取消権は消滅する（764 条・747 条 2 項）。

婚姻の取消しと異なり、協議離婚の取消しの効果は、**協議離婚の届出の時に遡及する**（通説）。

	成立要件	必要な意思 （有効要件）	取消原因	取消しの遡及効の有無
婚姻	届出	婚姻意思 ：社会観念上夫婦と認められる 　関係を作ろうとする意思	①婚姻障害事由 ②詐欺・強迫	遡及しない
協議離婚	届出	離婚意思 ：離婚の届出に向けられた意思	詐欺・強迫	遡及する

2　調停離婚　B+

　当事者間で離婚の協議が成立しない場合は、協議離婚はもちろん成立しない。この場合に、なお離婚を望む一方当事者は、家庭裁判所に対して、離婚調停の申立てをするべきことになる。

　離婚調停は、実務では「夫婦関係等調整調停」とよばれている。

　離婚調停の申立てがあると、家庭裁判所において、離婚するか否かについての話合いが、裁判官1名と家事調停委員2名以上で構成される調停委員会を介して、当事者間で行われることになる（家事事件手続法248条1項参照）。

　そして、かかる話合いの結果、当事者間で離婚の合意に至った場合は、その旨が裁判所書記官によって調書に記載され、離婚が成立する（家事事件手続法268条1項）。この場合の離婚を、調停離婚という。

> 　調停離婚が成立するには、離婚する旨の当事者間の合意が必要不可欠です。この点は、協議離婚と同様です。
> 　しかし、協議離婚の成立には、離婚の届出が必要であるのに対し、調停離婚の成立には、離婚の届出は不要です。裁判所書記官による**調書への記載によって、その時点で離婚が成立する**のです。確かに、調停離婚においても、調停離婚が成立した後に、一方当事者が役所に離婚の届出をすることが必要なのですが、この届出は、協議離婚の届出のように離婚を成立させる行為ではありません。あくまでも、調書への記載によってすでに成立した調停離婚を、役所に報告する行為であるにとどまるのです。

3　審判離婚　C

　離婚調停の申立てがあっても、当事者間で離婚の合意に至らなかった場合は、調停離婚は成立しない。

　しかし、離婚の合意に至らなかったけれども、調停の結果、離婚を認めるのが相当だと判断した場合は、家庭裁判所は、職権で離婚を認める審判（調停に

代わる審判）をすることができる（家事事件手続法284条1項）。この場合の離婚を、審判離婚という。

　たとえば、婚姻の破綻が明らかであるのに、相手方が調停期日への不出頭をくり返しているような場合は、審判離婚が成立することがある。

> 　この審判離婚の成立には、協議離婚や調停離婚とは異なり、当事者間での離婚の合意は不要です。家庭裁判所が「離婚する」との審判（ジャッジ）をして確定すれば、それによって離婚が成立するわけです。

4　裁判離婚 ） A

　以上の協議離婚や調停離婚、審判離婚のいずれも成立しない場合において、なお離婚を望む一方当事者は、離婚の訴えを提起するべきことになる（770条）。

　この離婚の訴えを認容する判決（「原告と被告を離婚する」との判決）が出て確定すると、それだけで離婚が成立する。たとえ被告たる配偶者が離婚を拒否したとしても、判決の確定によって離婚が成立するわけである。

　この場合の離婚を、裁判離婚という。

ア　調停前置主義

　離婚の訴え（770条）を提起するためには、まず家庭裁判所に離婚調停の申立てをしなければならない（家事事件手続法257条）。これを、調停前置主義という。

　すなわち、いきなり離婚の訴えを提起することは許されず、まずは離婚調停の申立てをし、かかる調停が不成立（かつ審判離婚も不成立）となった場合に、はじめて適法に離婚の訴えを提起することができるわけである。この要件はしっかりと覚えておこう。

イ　離婚原因

　裁判離婚が認められるためには、770条1項各号に定められた以下の離婚原因のいずれかが認められることが必要である。

　① **配偶者に不貞な行為があったこと（1号）**

「不貞な行為」とは、配偶者以外の者と性的関係を持つことをいう。

妻による継続的な売春行為や、夫による強姦行為も、「不貞な行為」にあたる（最判昭和 38・6・4 家月 15-9-179、最判昭和 48・11・15 民集 27-10-1323）。

　他方で、配偶者以外の者に愛情を持つだけでは、「不貞な行為」にはあたらない（ただし、下記の 5 号に該当する可能性はある）。

②　**配偶者から悪意で遺棄されたこと（2 号）**

　「悪意で遺棄」とは、正当な理由なくして、夫婦間の同居・協力・扶助義務（752 条）を履行しないことをいう。

　配偶者を捨てて家を出る行為が、その典型である。

③　**配偶者の生死が 3 年以上明らかでないこと（3 号）**

　配偶者が 7 年以上生死不明の場合は、失踪宣告により婚姻関係を解消することができるが（31 条）、それよりも前の 3 年以上生死不明の時点で、裁判離婚が認められるわけである。

④　**配偶者が強度の精神病にかかり、回復の見込みがないこと（4 号）**

　この離婚原因による離婚の訴えについては、「諸般の事情を考慮し、病者の今後の療養、生活等についてできるかぎりの具体的方途を講じ、ある程度において、前途に、その方途の見込のついた上でなければ」、770 条 2 項による裁量棄却（➡下記**ウ**）の対象となりうる（最判昭和 33・7・25 民集 12-12-1823）。

⑤　**その他婚姻を継続し難い重大な事由があること（5 号）**

　これは、上記の 1 号から 4 号にあたる場合以外であっても、**婚姻が破綻している場合**には裁判離婚を認める趣旨の規定である（通説。1 号から 4 号は 5 号の例示とする見解もある）。

　たとえば、配偶者による暴力・虐待（DV）、犯罪行為、浪費癖、性交不能、正当な理由のない性交拒否、性格の著しい不一致などが、「婚姻を継続し難い重大な事由」の例とされている。

　なお、実務では、これらの事情に加えて 2 年から 3 年程度の別居があれば、「婚姻を継続し難い重大な事由」が認定されやすい傾向にある。

ウ　裁量棄却

　以上の離婚原因のうち、770 条 1 項 1 号から 4 号の事由があるときでも、一切の事情を考慮して婚姻の継続を相当と認めるときは、裁判所は、**裁量で離婚の請求を棄却する**ことができる（同条 2 項）。これを、裁量棄却という。

たとえば、配偶者に「不貞な行為」があった場合でも、裁判所は、なお原告の離婚請求（離婚の訴え）を棄却することができるわけである。

　なお、770条1項5号の事由があるときは、この裁量棄却は認められない。この点も含めて、しっかりと覚えておこう。

エ　有責配偶者による離婚請求　→論証3

　裁判離婚については、自ら婚姻生活を破綻に導いた有責配偶者による離婚請求（離婚の訴え）が許されるのかという問題がある。

　たとえば、身勝手に家出をして不貞相手と長年同居しているXが、Xからの送金で未成年の子とともに細々と生活してきた配偶者Yを相手方として、770条1項5号の「婚姻を継続し難い重大な事由」があるとして離婚の訴えを提起した場合、裁判所はこれを認容することができるのだろうか。

　判例は、およそ離婚請求は信義則に照らして容認されうるものであることを要するとしたうえで、有責配偶者による770条1項5号に基づく離婚請求であっても、①夫婦の別居が長期間に及び、②その間に未成熟子が存在しない場合には、③相手方配偶者が離婚により精神的・社会的・経済的にきわめて苛酷な状態に置かれる等離婚請求を容認することが著しく社会正義に反するといえるような特段の事情がない限り、これを認容すべきとしている（**最大判昭和62・9・2百選Ⅲ15**）。

　なお、①の別居期間については、実務では8年から9年程度が一応の目安とされることが多い。

　以上のように、有責配偶者、すなわち一方的に有責事由が認められる配偶者による離婚請求は、厳格な要件のもとにおいてのみ許容されます。

　これに対し、①原告にいくらかの落ち度が認められるものの、**被告により大きな落ち度が認められる場合**（たとえば、家出をした妻が原告となって離婚請求をした事案で、家出の原因が被告である夫のDVにあった場合）や、②原告・被告の**双方に有責事由が認められる場合**（たとえば、女性と同居する夫が原告となって離婚を請求した事案で、被告である妻も夫の家出後に別の男性と同居している場合）、③夫婦の**婚姻関係が完全に破綻した後に原告の有責事由が生じた場合**（たとえば、女性と同居する夫が原告となって離婚を請求した事案で、夫が女性と同居を始めたのは妻との婚姻関係が完全に破綻した後であった場合）については、有責配偶者による離婚請求にはあたらず、上記の厳格な要件を満たさなくても離婚請求が認められます（①につき最判昭和30・11・24民集9-12-1837、②につき最判昭和31・12・11民集10-12-1537、③最判昭和46・5・21民集25-3-408）。

2. 離婚の効果

　離婚の効果は、①身分上の効果、②財産上の効果、③親子関係上の効果に分類することができる。以下、それぞれを説明する。

1　身分上の効果　B+

ア　夫婦の婚姻関係の終了

　まず、離婚が成立すると、夫婦の婚姻関係は終了する。これは当然である。

イ　同居・協力・扶助義務などの消滅

　そして、夫婦の婚姻関係が終了する結果、夫婦間の同居・協力・扶助義務（752条）や、婚姻費用分担義務（760条）は消滅する。

　ただし、婚姻中に履行されなかった扶助義務ないし婚姻費用分担義務は、離婚によっても消滅しない。これらについては、財産分与（➡次ページ **2**）に含めて処理するか、金銭債権として別途清算するべきことになる。

ウ　再婚の自由

　離婚により、各当事者は自由に再婚できるようになる。

エ　姻族関係の終了

　婚姻によって生じた姻族関係は、離婚によって当然に終了する（728条1項）。

　ただし、姻族関係が存在していたことによる婚姻障害は離婚後も存続する（735条➡11ページ（**ウ**））。この点は間違えやすいので注意しよう。

オ　復氏

　離婚によって氏を改めた配偶者は、離婚によって当然に婚姻前の氏に復する（767条1項、771条）。これを、離婚復氏という。

　ただし、復氏した配偶者は、離婚の日から3か月以内に届出をすることによって、離婚の際に称していた氏を称することができる（767条2項）。これを、

婚氏続称という。

2　財産上の効果──財産分与　B⁺

　離婚した者の一方は、相手方に対して財産分与を請求することができる（768条1項、771条）。

ア　具体的な内容の形成

　財産分与の具体的な内容（分与財産）は、当事者間の協議によって定めることができる。

　当事者間に協議が調わないとき、または協議をすることができないときは、当事者は、家庭裁判所に対して協議に代わる処分を請求することができる（768条2項本文、771条）。

　ただし、この家庭裁判所に対する請求には、離婚の時から2年間という期間制限がある（768条2項ただし書、771条）。この期間制限は除斥期間である（最決平成17・3・8家月57-6-162）。

請求を受けた裁判所は、当事者双方がその協力によって得た財産の額その他一切の事情を考慮して、分与をさせるべきか否かや、分与の額および方法を定めることになる（768条3項、771条）。

イ　財産分与の要素

　財産分与には、①夫婦財産の清算、②離婚後の扶養（援助）、③慰謝料という3つの要素が含まれうる（通説）。これに対し、③は含まれないとする少数説もある。

　判例は、「分与の請求の相手方が離婚についての有責の配偶者であって、その有責行為により離婚に至らしめたことにつき請求者の被った精神的損害を賠償すべき義務を負うと認められるときには、［裁判所は］右損害賠償のための給付をも含めて財産分与の額および方法を定めることもできる」としており（**最判昭和46・7・23百選Ⅲ18**）、通説と同様の立場に立っているものと思われる。

　なお、同判例は、財産分与とは別に不法行為による損害賠償請求ができるか否かについて、「財産分与によって請求者の精神的苦痛がすべて慰藉されたものと認められるときには、もはや重ねて慰藉料の請求を認容することはできない」が、「財産分与が……損害賠償の要素を含めた趣旨とは解せられないか、そうでないとしても、その額および方法において、請求者の精神的苦痛を慰藉するには足りないと認められるものであるときには……別個に不法行為を理由として離婚による慰藉料を請求することを妨げられない」としている。

ウ　財産分与と債権者代位権　➡論証4

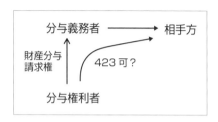

　分与権利者が、財産分与請求権を債権者代位権（423条）の被保全債権として、分与義務者の財産権を代位行使することができるかについては、争いがある。

　判例は、債権者代位権の被保全債権とすることができないとしている（最判昭和55・7・11民集34-4-628）。協議や家庭裁判所による処分（審判など）によって具体的内容が形成されるまではその

範囲や内容が不確定・不明確であるから、というのがその理由である。

　したがって、協議や審判などによって財産分与請求権の具体的内容が形成されている場合は、分与権者は財産分与請求権を債権者代位権の被保全債権とすることができる、ということとなろう。

　なお、これとは別の問題として、分与権利者の債権者が、分与権利者が有する財産分与請求権を代位行使することができるかという問題もあるが、通説は、財産分与請求権の具体的内容が形成されている場合は代位行使することができると解している。

エ　財産分与と詐害行為取消権　→論証 5

　財産分与請求権が詐害行為取消権の被保全債権たりうるかについては、上記**ウ**の債権者代位権の場合と同様に解すればよい。

　問題は、債権者が、債務者の行った財産分与が詐害行為にあたるとして、その取消しを請求することができるか否かである。

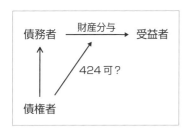

判例は、財産分与は原則として詐害行為にあたらないとしつつも、財産分与が 768 条 3 項の規定の趣旨に反して不相当に過大であり、財産分与に仮託してされた財産処分であると認めるに足りるような特段の事情があるときは、不相当に過大な部分は詐害行為にあたり、その限度で債権者は財産分与の取消しを請求することができるとしている（最判昭和 58・12・19 民集 37-10-1532、最判平成 12・3・9 百選Ⅲ 19）。しっかりと覚えておこう。

　財産分与に関しては、合格後は税金のことも知っておく必要があります。参考までに、ここで簡単に説明しておきましょう。
　まず、分与を受けた側については、**贈与税は課税されない**のが原則です。ただし、分与された額が、婚姻中の夫婦の協力によって得た財産の額その他一切の事情を考慮しても、なお過当と認められる場合には、過当部分については贈与によって取得した財産とみなされ、贈与税が課税されます（相続税法基本通達 9-8）。
　次に、分与した側については、**現金を分与した場合は課税されない**ものの、**不動産などの資産を分与した場合は譲渡所得税が課税**されます。譲渡所得税というのは、資産の値上がりによってその所有者に帰属する増加益を、その資産が所有者の支配を離れて他に移転するのを機会に所得として清算させる制度のことです。たとえば、ある土地を 1000 万円で買い、10 年後

に1500万円で譲渡した場合に発生する税金のことをいうわけです。この譲渡所得税を財産分与による不動産などの移転に適用することについては学説からの強い批判があるのですが、税務実務では、『財産分与による資産の移転も財産分与義務の消滅という経済的利益を対価とする譲渡であり、分与時の価額により当該資産を譲渡したこととなる』という考え方に基づき、譲渡所得税が課税されているのです。ただし、居住用財産の譲渡については、租税特別措置法35条によって3000万円の特別控除の対象となることも知っておくとよいでしょう。

3 親子関係上の効果 B+

　夫婦が離婚しても、夫婦とその子との親子関係は存続する。離婚によっても、親子の縁は切れないわけである。

　ただし、夫婦の離婚により、子との関係で以下の各効果が生じる。

ア 親権者の指定

　夫婦間に未成年の子がいる場合、婚姻中は原則として父母が共同して親権を行うが（共同親権の原則・818条3項）、離婚するときには、いずれか一方を親権者としなければならない（離婚後単独親権の原則）。これはしっかりと覚えておこう。

　離婚後に父母のどちらが親権者となるのかについては、離婚の種類によって異なる。

　①協議離婚の場合は、協議により、いずれが親権者となるかを定めなければならない（819条1項）。

　この親権者の指定は、離婚届の受理の要件であり、親権者を定めていない場合は離婚届は受理されない（765条1項）。

　父母のいずれを親権者とするかについての協議が調わないとき、または協議をすることができないときは、家庭裁判所は、父または母の請求によって、協議に代わる審判をすることができる（819条5項）。

　②裁判離婚の場合は、裁判所が、父母のいずれかを親権者と定める（819条2項）。

　そして、①と②のいずれの場合であっても、子の利益のため必要があると認めるときは、家庭裁判所は、子の親族の請求によって、親権者を他の一方に変更することができる（819条6項）。

　なお、離婚時には夫婦間に未成年の子はいなかったが、離婚後に子が生まれ

た場合の親権者については、66ページ**ウ**を参照してほしい。

イ　親権者と監護者の分離

　親権者と監護者は、同一人なのが原則である。

> 　後に詳しく説明しますが、親権とは、子の利益のために、子の監護・教育を行い（820条）、かつ子の財産を管理する（824条本文）権利・義務のことをいいます。
> 　この定義から明らかなように、親権には、子を監護する──すなわち未成年の子が一人前の社会人となるよう未成年の子を実際に保護監督する──権利・義務が含まれています。そのため、親権者と監護者は、同一人であるのが原則なのです。

　しかし、その例外として、父母が協議離婚をするときは、親権者とは別に、「子の監護をすべき者」すなわち監護者を定めることもできる（766条1項）。つまり、離婚に伴って、親権者と監護者を分離することも可能なわけである。この点はしっかりと覚えておこう。

　たとえば、協議離婚をする際に、協議によって、離婚後は子と別居する父が親権者となって子の財産管理を担当する一方、母が監護者となって子と同居し実際の監護にあたる、と定めることも可能である。

　また、父母において、誰を監護者にするかについての協議が調わないとき、または協議をすることができないときは、家庭裁判所が、審判によって監護者を定める（766条2項、家事事件手続法別表第2第3号）。なお、この監護者を定める審判を申し立てることができる者は、父母に限られる。父母以外の第三者は、たとえ事実上子を監護してきた者であっても、かかる申立てをすることはできない（最決令和3・3・29百選Ⅲ46）。

　裁判離婚の場合も、当事者の申立てにより、裁判所は親権者と別に監護者を定めることができる（771条・766条1項、人事訴訟法32条1項）。

ウ　面会交流

　父母が協議離婚をするときは、「父又は母と子との面会及びその他の交流」すなわち面会交流について、協議で定める（766条1項）。

　面会交流とは、親権者・監護者でないため、子を現実に監護できない親（別居親）が、子と会ったり、手紙や電話などで交流することをいう。古い用語では、面接交渉ともよばれる。

たとえば、「毎月 1 回、第 1 日曜日、13 時から 15 時まで、同居親は〇〇に子を連れて来て別居親と面会させる」などと定めるわけである。

ただし、親権者の定め（➡ 30 ページ ア）とは異なり、面会交流についての取決めがなくとも、離婚届は受理される。

面会交流についての協議が調わないとき、または協議をすることができないときは、家庭裁判所がこれを定める（766 条 2 項）。

裁判離婚の場合も、当事者の申立てにより、裁判所は面会交流について定めることになる（771 条・766 条 1 項、人事訴訟法 32 条 1 項）。

面会交流の定めが履行されない場合の履行を確保するため手段としては、家庭裁判所による勧告（家事事件手続法 289 条、人事訴訟法 38 条）のほか、最終的な手段として強制執行がありうる。

ただし、継続的に実施するという面会交流の性質から、面会交流は直接強制にはなじまないと解されている。他方で、間接強制は、「面会交流の日時、各回の面会交流時間の長さ及び子の引渡しの方法」が定められている場合には認められる（**最決平成 25・3・28 百選Ⅲ 21**）。

エ 子の監護に要する費用（養育費）

父母が協議離婚をするときは、「子の監護に要する費用」すなわち養育費の分担についても協議で定める（766 条 1 項）。

ただし、養育費についての取決めがなくとも、離婚届は受理される。

養育費についての協議が調わないとき、または協議をすることができないときは、家庭裁判所がこれを定める（766 条 2 項）。

裁判離婚の場合も、当事者の申立てにより、裁判所は養育費について定めることになる（771 条・766 条 1 項、人事訴訟法 32 条 1 項）。

> 婚姻費用（➡ 17 ページ（イ））と同じく、養育費の算定についても、実務では、東京家庭裁判所および大阪家庭裁判所に所属する裁判官が作成した「養育費・婚姻費用算定表」が参考にされるのが通例です。ぜひ、インターネットで参照しておいてください。

オ 子の氏

最後に、離婚と子の氏について説明する。

父母が離婚しても、子の氏は変わらない。

たとえば、山田太郎と山田（旧姓・鈴木）花子が離婚し、花子が婚姻前の氏である鈴木に復氏したとしても、両者の間の未成年の子である山田二郎の氏は、父母のいずれが親権者となるかを問わず、山田のままである。たとえ母である鈴木花子が親権者となり二郎と同居する場合であっても、二郎の氏は山田のままなわけである。この点はしっかりと覚えておこう。

　山田二郎が母である鈴木花子と同じ氏となるためには、子の氏の変更にかかる家庭裁判所の許可を得たうえで、戸籍法の定めるところにより届出をしなければならない（791条1項）。

第 4 章

婚姻外の男女関係

　婚姻外の男女関係としては、①婚約と②内縁・事実婚が問題となる。以下、重要なポイントに絞って説明する。

1. 婚約

1 意義 B

　婚約とは、将来において婚姻関係に入ろうという男女間の合意をいう。

　婚約は、当事者間の合意のみによって成立する諾成契約である。

　婚約に際して、いわゆる結納が交わされることがあるが、かかる結納は「婚約の成立を確証し、あわせて、婚姻が成立した場合に当事者ないし当事者両家間の情誼を厚くする目的で授与される一種の贈与」であり（最判昭和39・9・4民集18-7-1394）、婚約の成立要件ではない。

2 効果 B

　婚約が成立すると、当事者は互いに婚姻を成立させるよう努める義務を負う。

　ただし、かかる義務を強制執行によって実現することはできない。最終的に婚姻を成立させるかどうかは、個人の自由意思によるべきだからである。

　したがって、当事者の一方が婚姻の成立を拒む場合には、相手方は損害賠償を請求することができるにとどまる。

2. 内縁・事実婚

1 意義 B⁺

　内縁とは、婚姻意思をもって夫婦共同生活を送っているが、婚姻の届出を欠くために、法律上の婚姻とは認められない男女の関係をいう。事実婚ともよばれる。

> 　内縁・事実婚と認められるためには、あくまでも婚姻意思をもって夫婦共同生活を送っていること、すなわち夫婦としての実質を備えていることが必要です。単に恋人同士が同棲しているというだけでは、内縁・事実婚とは認められません。

2 法律婚の効果の類推適用 B⁺

　内縁は、婚姻に準ずる関係である（準婚理論）。したがって、内縁には、法律婚の効果の多くが類推適用（準用）される。

　たとえば、①内縁を不当に破棄された者は、相手方に対して損害の賠償を請求することができるし、②婚姻費用の分担（➡ 17 ページ（イ））を定めた 760 条は、内縁に準用される（最判昭和 33・4・11 百選Ⅲ 23）。

　さらに、③離別によって夫婦共同生活が終了する場合には、離婚の財産分与の規定（768 条）が類推適用される（広島高決昭和 38・6・19 家月 15-10-130）。内縁配偶者の一方は、別れて内縁関係を解消するに際して、離婚の場合と同様に内縁配偶者の他方に財産分与を請求することができるわけである。

　以上に対し、④内縁配偶者の一方が死亡した場合に、生存している方の内縁配偶者には、配偶者相続権の規定（890 条）は類推適用されない（すなわち、内縁配偶者には相続権が認められない）とするのが、確立した判例である。学説も、相続人の範囲の明確化の要請などを理由として、内縁配偶者への 890 条の類推適用を否定している。この点はしっかりと覚えておこう。

3 生存内縁配偶者の保護 B⁺

以上のように、生存している方の内縁配偶者（以下、「生存内縁配偶者」という）には、相続権は認められない。

そこで、生存内縁配偶者を保護するための法律構成が問題となっている。

ア 財産分与の規定の類推の可否 →論証6

まず、離別の場合（→前ページ2の③）と同様に、内縁配偶者の一方の死亡の場合にも、離婚の財産分与の規定（768条）を類推適用し、生存内縁配偶者による財産分与請求を認めることができないかが問題となる。

学説では、生存内縁配偶者を保護するべく、財産分与の規定の類推適用を認める見解が有力だが、判例は類推適用を否定している（**最決平成12・3・10百選Ⅲ24**）。「財産分与の法理による遺産清算の道を開くことは、相続による財産承継の構造の中に異質の契機を持ち込むもので、法の予定しないところ」だから、というのがその理由である。

イ 生存内縁配偶者の居住権の保護 →論証7

次に、死亡した内縁配偶者が賃借していた建物に同居していた生存内縁配偶者の、居住権の保護のための法律構成が問題となる。

（ア）賃貸人からの明渡請求への対処

まず、死亡した内縁配偶者に相続人がある場合において、賃貸人が生存内縁配偶者に対して建物の明渡しを請求したときには、生存内縁配偶者は、相続人が相続した賃借権を援用して明渡しを拒むことができると解されている（最判昭和42・2・21民集21-1-155、最判昭和42・4・28民集21-3-780）。

（イ）相続人からの明渡請求への対処

では、相続人からの明渡請求があった場合はどうか。

この場合は、相続人が相続した賃借権を援用する、という法律構成をとることはできない。

そこで、かかる明渡請求は権利の濫用（1条3項）にあたると解し、生存内縁配偶者を保護するのが妥当である（最判昭和39・10・13民集18-8-1578）。

（ウ）相続人が存在しない場合——借家権の承継

　以上に対し、死亡した内縁配偶者に相続人がいない場合は、同居人たる生存内縁配偶者は、相続人なしに死亡したことを知った後 1 か月以内に建物の賃貸人に反対の意思を表示したときを除き、建物の賃借人の権利義務を承継する（借地借家法 36 条 1 項）。

第 5 章

実親子関係

本章および次章では、親子関係について説明する。

法律上の親子関係には、実親子関係と養親子関係とがある。まずは実親子関係について説明しよう。

---

1. 成立要件

実親子関係の成立要件は、母と子の実親子関係と、父と子の実親子関係とで異なる。

1 母と子の実親子関係 A

母と子の実親子関係（母子関係）は、分娩の事実により当然に発生する（**最判昭和37・4・27百選Ⅲ32**）。

いわゆる代理母と子についても、分娩の事実により当然に実親子関係が発生する。代理母に卵子を提供した者と子との間には、実親子関係は認められない（**最決平成19・3・23百選Ⅲ36**）。

2 父と子の実親子関係 A

以上に対し、父と子の実親子関係（父子関係）は、嫡出子については嫡出推定により、嫡出でない子については認知により成立する。

以下、嫡出推定および認知について、項をあらためて説明する。

2. 嫡出推定 改正

1 772条1項による嫡出推定 A

772条1項は、「妻が婚姻中に懐胎した子」（前段）および「女が婚姻前に懐胎した子であって、婚姻が成立した後に生まれたもの」（後段）について、「当該婚姻における夫の子と推定する」と定めている。

この772条1項（および後に説明する同条3項、4項）による推定を、嫡出推定という。

> 772条1項は、2つの効果を定めています。
> 1つ目の効果は、母が婚姻中に懐胎した子および婚姻前に懐胎し婚姻後に生まれた子について、その法律上の父はかかる婚姻における夫であると推定するという**父子関係の推定（父性の推定）**です。これは条文の文言のとおりです。
> そして、2つ目の効果として、かかる父子関係の推定を受ける子に対して**「嫡出子」という身分を与える**ということをも定めていると解されています（772条の見出し参照）。そのため、この772条1項によって夫の子と推定することを、一般に嫡出推定とよんでいるわけです。

2 772条2項による懐胎時の推定 A

嫡出推定を定めた上記の772条1項は、母が「婚姻中に懐胎した子」（前段）および「婚姻前に懐胎した子」（後段）に適用されうる。しかし、母がいつの時点で「懐胎」したのかについての証明は容易でない。

そこで、772条2項前段は、「婚姻の成立の日から200日以内に生まれた子」は「婚姻前に懐胎した」ものと推定すると定めている。

また、772条2項後段は、「婚姻の成立の日から200日を経過した後又は婚姻の解消若しくは取消しの日から300日以内に生まれた子」は「婚姻中に懐胎した」したものと推定すると定めている。

772条2項後段は少し読みづらい規定ですが、この規定による推定の始期は「婚姻の成立の日から200日を経過した後」、終期は「婚姻の解消若しくは取消しの日から300日」目です。
　つまり、772条2項後段の「又は」という文言は、「～から～まで」という意味と解し、「婚姻の成立の日から200日を経過した後」から「婚姻の解消若しくは取消しの日から300日」までに生まれた子が同項後段による推定を受ける、と読んでいくわけです。

　したがって、772条2項前段が適用される場合は同条1項後段により、また、同条2項後段が適用される場合は同条1項前段により、生まれた子は母の「夫の子」と推定される（嫡出推定を受ける）ことになるわけである。

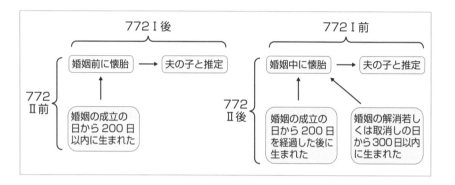

　この、772条1項と2項の組み合わせは、ややこしいところですが重要です。具体例で補足しておきます。
　たとえば、Ｘ女がＡと婚姻してから50日後にＰを出産したとします。この場合、ＰはＡの子と推定されます。なぜなら、Ｘ女とＡの「婚姻の成立の日から200日以内」に生まれていることから、「婚姻前に懐胎した」という772条1項後段の要件が同条2項前段によって推定され、その結果、Ｐは、同条1項後段により、懐胎の後に成立した婚姻の夫であるＡの子と推定されることになるからです。条文や上記の図と照らし合わせて、しっかりと理解しておいてください。
　次に、Ｙ女がＢと婚姻して210日後にＢと離婚し、離婚の日から100日後に独身のままＱを出産したとしましょう。この場合のＱは、Ｂの子と推定されます。なぜなら、ＱはＹ女とＢの「婚姻の成立の日から200日を経過した後」から「婚姻の解消［離婚］……の日から300日」までに生まれているため、「婚姻中に懐胎した」という772条1項前段の要件が同条2項後段によって推定され、その結果、Ｑは、同条1項前段により、解消された婚姻の夫であるＢの子と推定されることになるからです。

3　母が2回以上の婚姻をしている場合の扱い　🄐

　生まれた子の母が、子を懐胎した時から子の出生の時までに2回以上の婚姻

をしていた場合は、上記の772条1項による父性の推定が重複しうる。

　そこで、772条3項は、「女が子を懐胎した時から子の出生の時までの間に二以上の婚姻をしていたときは、その子は、その出生の直近の婚姻における夫の子と推定する」と定め、父性の推定の重複を回避している。

　　たとえば、X女が、Aと婚姻した日から210日後にAと離婚し、かつ、離婚したその日にBと再婚したとします。そして、Aと離婚した日（＝Bと再婚した日）から100日後にYが出生したとしましょう。

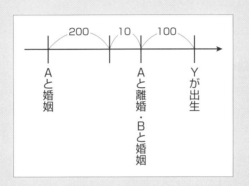

　　この事案で、仮に772条3項が定められていなかったら、Yは誰の子と推定されることになるのか、考えてみましょう。

　　まず、Yは、X女とBとの婚姻の成立の日から200日以内に生まれているため、Bとの婚姻の成立前に懐胎したものと推定されます（772条2項前段）。そして、YはBとの婚姻が成立した後に生まれていますから、YはBの子と推定されます（同条1項後段）。

　　また、Yは、X女とAとの婚姻の成立の日から200日を経過した後、かつAとの離婚の日から300日以内に生まれているため、Aとの婚姻中に懐胎したものと推定されます（772条2項後段）。そして、その結果、YはAの子とも推定されてしまいます（同条1項前段）。

　　以上の結果、Yは、Bの子ともAの子とも推定されてしまうわけです。これが、父性の推定の重複という問題です。

　　そこで、772条3項は、かかる場合は「出生の直近の婚姻における夫の子」と推定することとし、父性の推定の重複を回避しているのです。この同条3項によって、Yは、Aの子ではなくBの子と推定されることになります。

4　嫡出推定が否認された場合の扱い　B+

　以上の772条1項から3項による嫡出推定が嫡出否認の訴え（➡次ページ3.）によって否認された場合において、生まれた子の母が、子を懐胎した時から子の出生の時までに2回以上の婚姻をしていた場合は、生まれた子は、否認された夫との婚姻を除く直近の婚姻の夫の子と推定される（772条4項）。

例えば、前ページのコラムにおけるBの子であるとの推定が、嫡出否認の訴えによって否認された場合は、Yは、Bとの婚姻を除く直近の婚姻の夫であるAの子と推定されることになるわけである。

3. 嫡出否認の訴え 改正

1 嫡出子と嫡出否認の訴え Ａ

以上の772条に関連する重要な概念が、嫡出子である。

嫡出子とは、婚姻関係にある男女から生まれた子をいう。この定義は覚えておこう。

かかる嫡出子は、772条の要件を満たすため、嫡出推定を受ける（その例外については → 46ページ **1**）。

この嫡出推定は、あくまでも推定であって擬制ではない。しかし、この嫡出推定を否認するためには、必ず嫡出否認の訴えによらなければならない（775条1項柱書）。

すなわち、嫡出否認の訴えを提起し、裁判所の認容判決を得た場合に限って、嫡出推定が否認されることになるわけである。これはしっかりと覚えておこう。

そして、この嫡出否認の訴えには、以下の厳格な制限が定められている。これらの制限の趣旨は、第三者の不当な介入を防いで家庭の平和を守ること、および子の身分関係の法的安定を保持することにある。

2 否認権者 B+

嫡出推定についての否認権を有する者（否認権者）は、①父（774条1項）、②子（同項）、③母（同条3項）、④子の懐胎の時から出生の時までの間に母と婚姻していた前夫（同条4項）に限られる。これらの否認権者は覚えておこう。

また、子の親権者たる母・養親および未成年後見人は、子の否認権（②）を

代理して行使することができる（774条2項）。

これらの内容について、いくつか補足する。

まず、①父と②子が否認権者とされているのは、父と子が嫡出推定の当事者である以上、当然といえる。

③の母の否認権は、子の利益を害することが明らかなときは認められない（774条3項ただし書）。これは、母による固有の否認権の行使が子の利益を害する意図で行われるなど権利の濫用にあたる場合に、母の否認権を否定する趣旨である。

④の前夫の否認権は、772条3項（➡ 40ページ **3**）によって直近の婚姻の夫（後夫）が子の父と推定される場合に、それよりも前の婚姻の夫（前夫）にその推定の否認権を認めるものである。

ただし、この前夫の否認権は、子の利益を害することが明らかなときは認められない（774条4項ただし書）。また、否認権を行使した前夫は、子が自らの嫡出であることを否認することはできない（774条5項）。この2点はぜひ覚えておこう。

---

④の前夫の否認権は、少しややこしい箇所です。具体例で補足しておきます。

まず、前夫の否認権は、「子の利益を害することが明らか」なときは認められません（774条4項ただし書）。このただし書は、⑦前夫の否認権については、前夫が再婚後の夫婦の家庭に介入することを認めるものであること、⑩前夫によって後夫の子であるとの推定が否認された後、さらに子または母が否認権を行使し、前夫の子であるとの推定も否認されることによって、子から推定される父が失われるという事態を生じるおそれがあることから、前夫の否認権を限定するべく定められたものです。

したがって、たとえば前夫Aが、自ら子を養育する気がないにもかかわらず、後夫Bとの間で生じている嫡出推定を否認するような場合は、「子の利益を害することが明らか」というべきですから、前夫Aの否認権は認められないことになります。

他方で、774条4項ただし書にあたらないため、前夫Aによる否認権の行使が認められた場合は、後夫Bの子であるとの推定が否認され、子は前夫Aの子と推定されることになります（772条4項・3項）。そして、この「YはAの子である」との推定を、A自身がさらに嫡出否認の訴えによって否認することはできません（774条5項）。前夫によるこのようなさらなる否認が否定されているのは、A自身が行った否認によって生じたAの子であるとの推定をA自身がさらに否認するものであり、子の利益を害する濫用的な否認といえるからでしょう（私見）。

---

3 否認権の喪失 **B**

父または母は、子の出生後において、その嫡出であることを承認したときは、それぞれその否認権を失う（776条）。

4 被告となる者 ） B

　嫡出否認の訴えの被告となる者は、当該訴訟において誰の否認権が行使されるのかにより、次の表のように定められている（775条1項各号）。

否認権の主体	被告となる者
父	子または親権を行う母
子	父
母	父
前夫	父および子または親権を行う母

　なお、親権を行う母を被告とすべき場合において、親権を行う母がないときは、家庭裁判所は特別代理人を選任しなければならない（775条2項）。

5 提訴期間 ） B⁺

ア　3年の期間制限

　嫡出否認の訴えは、原則として以下の3年の期間制限に服する（777条各号）。これらは覚えておこう。

否認権の主体	期間制限
父	子の出生を知った時から3年
子	子の出生時から3年
母	子の出生時から3年
前夫	子の出生を知った時から3年

イ　1年の期間制限

　ただし、772条4項によって生じる嫡出推定（➡41ページ **4**）にかかる嫡出否認の訴えを提起する場合については、より厳格な期間制限が設けられている。

　すなわち、772条3項による嫡出推定が否認された場合は、同条4項によって新たな嫡出推定が生じるところ、かかる新たな嫡出推定についてさらに嫡出否認の訴えを提起する場合は、原告となる者が同条3項による嫡出推定を否認する裁判が確定したことを知った時から1年の期間制限に服する（778条各号）。

否認権の主体	期間制限
772条4項・3項によって 新たに子の父と定められた者	嫡出否認の裁判が確定した ことを知った時から1年
子	
母	
前夫	

　たとえば、母Xが子Yを産んだ事案で、Xには前々夫A、前夫B、現夫Cがおり、XがYを懐胎したのはAとの婚姻中だったとします。

　この場合、YはCの子と推定されます（772条3項）。この推定を嫡出推定Ⅰとします。

　また、この嫡出推定Ⅰが否認された場合は、Yは新たに前夫Bの子と推定されます（772条4項・3項）。この推定を嫡出推定Ⅱとしましょう。

　この嫡出推定Ⅱについて、さらに嫡出否認の訴えを提起することのできる期間を定めているのが、イで説明した778条です。

　たとえば、母Xが否認権を行使してCの子であるとの嫡出推定Ⅰが否認された場合、①嫡出推定Ⅰが否認されたことによって新たに父と推定される前夫Bの否認権は、嫡出推定Ⅰを否認する裁判が確定したことを知った時から1年（778条1号）の期間制限に服します。なお、嫡出推定Ⅰについての否認権を行使したのはXであり、新たに父と推定されるBではありませんから、嫡出推定ⅡにかかるBの否認権が774条5項で否定されることはありません。

　また、②子Yの否認権、③母Xの否認権、④新たに父と推定されないAの否認権も、それぞれ、嫡出推定Ⅰを否認する裁判が確定したことを知った時から1年の期間制限に服するわけです（778条2号ないし4号）。

ウ　子の否認権の特則

　子の否認権については、その期間制限についての特則がある。

　まず、子の否認権行使の期間制限（777条2号、778条2号）の満了前6か月以内に親権者がない場合は、子は、親権者があるようになった時から6か月を経過するまでの間は、嫡出否認の訴えを提起することができる（778条の2第1項）。

　また、子が父と継続して同居した期間（その期間が複数ある場合はそのうちの最も長い期間）が3年を下回るときは、子は、21歳に達するまでの間は、嫡出否認の訴えを提起することができる。ただし、父の利益を著しく害する場合はこの限りでない（778条の2第2項）。

エ　前夫の否認権の特則

　前夫の否認権は、子が成年した後は行使することができない（778条の2第4項）。これはできれば覚えておこう。

6 嫡出推定が否認された場合の監護費用の償還義務の否定 B

　嫡出否認の訴えが認容された場合であっても、子は、父であった者が支出した子の監護費用を償還する義務を負わない（778条の3）。

　これは、嫡出否認の効果は遡及すると一般に解されていることからすれば、本来は子は父であった者に対してその者が支出した子の監護費用の不当利得返還義務を負うはずであるところ（703条、704条）、子の利益を保護する観点から、かかる返還義務を否定するものである。

　なお、子の母に代表される本来の扶養義務者が、父であった者が支出した子の監護費用を当該父であった者に対して償還する義務を負うかについては、明文規定がなく、今後の議論を待つほかない。

4. 親子関係不存在確認の訴え

1 推定の及ばない子 B⁺

　772条の要件を満たす子は、当然ながら、同条による嫡出推定を受けるのが原則である。

　しかし、772条の要件を形式的には満たすものの、なお同条による嫡出推定が排除される（嫡出推定が及ばない）場合があると解されている。この場合の子を、推定の及ばない子という。

> 　772条の要件を満たす場合は、通常は嫡出推定が生じます。そして、この嫡出推定による父子関係を否認するには、嫡出否認の訴えを提起し、裁判所の認容判決を得る必要があります。
> 　ところが、772条の要件を満たしているにもかかわらず、例外的に嫡出推定が及ばず、したがって嫡出否認の訴えによらずに父子関係を否認することができる場合があると解されているのです。この場合の子を、推定の及ばない子といいます。

　では、どのような場合に772条による嫡出推定が排除され、生まれた子が推

定の及ばない子となるのだろうか。

判例によれば、夫婦間の性交渉がありえないことが外観上明白な場合には、嫡出推定が排除される（最判平成10・8・31家月51-4-33、最判平成12・3・14家月52-9-85）。

たとえば、妻が懐胎した時点で、その夫が刑事収容施設に収容されていたという場合がその典型である。この場合は、いくら772条の要件を満たしていても、夫婦間の性交渉がありえないことが外観上明白であるから、嫡出推定が排除されるわけである。

他方で、DNA型鑑定によって夫と子の間の生物学上の父子関係が否定された場合であっても、嫡出推定は排除されない（**最判平成26・7・17百選Ⅲ29**）。この点は覚えておこう。

また、性同一性障害者特例法によって女性から男性に性別を変更した後に女性と婚姻し、その女性（妻）が懐胎・出産した場合も、嫡出推定は排除されない（**最決平成25・12・10百選Ⅲ37**）。性別の変更後の婚姻を認めているにもかかわらず、婚姻の主要な効果である嫡出推定を否定するというのは、相当ではないからである。

2 親子関係不存在確認の訴え B+

上記の推定の及ばない子との父子関係を否定するには、嫡出否認の訴えではなく、親子関係不存在確認の訴え（人事訴訟法2条2号）によることになる。

嫡出否認の訴えとは異なり、この親子関係不存在確認の訴えには、訴えを提起できる者や出訴期間の制限は特に定められていない。したがって、確認の訴えの利益が認められる限り、誰でも、いつでも、親子関係不存在確認の訴えを提起して父子関係を否定することができる。

なお、たとえDNA型鑑定によって父と子の血縁関係が否定された場合であっても、772条による嫡出推定は排除されない（➡上記**1**）。したがって、かかる場合は、親子関係不存在確認の訴えをもって父子関係の存否を争うことはできず、嫡出否認の訴えによらなければならない（**最判平成26・7・17百選Ⅲ29**）。

したがって、たとえ DNA 型鑑定によって父と子の血縁関係が否定された場合であっても、嫡出否認の訴えの出訴期間がすでに経過しているケースでは、もはや嫡出否認の訴えを提起することができず、嫡出推定ないし父子関係を否定することはできません。ちょっとおかしいと思うかもしれませんが、子の身分関係の安定という要請に照らせば、このような解釈も妥当というべきでしょう。

5. 父を定める訴え　改正　B

　女性が重婚（➡ 11 ページ（イ））をしたために嫡出推定が重複する場合は、父を定める訴えを提起することができる（773 条）。

【父子関係に関する訴えのまとめ】

嫡出子（推定の及ばない子を除く）	嫡出否認の訴え ：厳格な制限あり
推定の及ばない子	親子関係不存在確認の訴え ：誰でも、いつでも可
重婚ゆえに嫡出推定が重複する場合	父を定める訴え

6. 認知

　婚姻関係にない男女間から生まれた子を、**嫡出でない子**（古い用語では非嫡出子）という。

　父と嫡出でない子との父子関係（実親子関係）は、当然には生じず、**認知**によってはじめて生じる。これはしっかりと覚えておこう。

　そして、かかる認知には、**任意認知**と**強制認知**（**裁判認知**）がある。以下、順に説明する。

1 任意認知 B+

　父は、嫡出でない子を任意に認知することができる（779条）。この認知を、任意認知という。

　なお、条文上は母も認知を行うことができるとされているが、母と子の親子関係は分娩によって当然に生じると解されているため（➡ 38ページ **1**）、母の認知は空文化している。

ア　任意認知の要件

（ア）要式性

　任意認知は、認知の届出（781条1項）または遺言（同条2項）によって行われることを要する要式行為である。

　ただし、認知の届出については、いわゆる無効行為の転換（➡ 民法総則［第3版］265ページ **2**）が認められる。

　すなわち、嫡出でない子につき、①父からこれを嫡出子とする出生届がされ、受理された場合や、②父からこれを嫡出でない子とする出生届がされ、受理された場合は、かかる届は認知届としての効力を有する（**最判昭和53・2・24百選Ⅲ 31**）。この点は短答用に覚えておこう。

> 　①は内容虚偽の届ですし、②は法律が予定していない届です（法律は嫡出でない子につき父から出生届がされることを予定していません）。したがって、出生届そのものとしては、いずれも無効です。しかし、これらの届には、出生した子が自己の子であることを父として承認し、その旨申告する意思の表示が含まれていると解することができるため、認知届としては有効となると解されているわけです。

　遺言によって認知をした場合は、遺言者の死亡後に遺言執行者（➡ 185ページ **3**）が届出を行うことになるが、認知の効果自体は遺言の効力発生時に発生する。

（イ）必要な能力

　父は、自らが未成年者または成年被後見人であっても、意思能力を有する限り、法定代理人の同意を要することなく、自ら認知することができる（780条）。任意認知には行為能力は不要なわけである。

　なお、認知は代理に親しまない行為であるため、父の法定代理人が父を代理して認知することはできない。

（ウ）認知される子

　任意認知において、認知される子の年齢は問わない。未成年の子であれ、成年の子であれ、父は認知することができる。

　ただし、成年の子を認知するには、その承諾が必要である（782条）。これは、父が成人した子を一方的に認知し、子に対し扶養を請求するというような、父による利己的な認知を排斥する趣旨である。

　また、胎児を認知することも可能であるが、そのためには母の承諾が必要である（783条1項）。なお、認知を受けた胎児が出生した場合において、772条によって子の父が定められるときは、胎児の認知は効力を生じない（同条2項）。

　すでに死亡している子についても、その子に直系卑属がある場合は、認知することができる（783条3項前段）。かかる認知により、父と死亡した子の直系卑属との間に直系血族の関係が生じる点で、認知を認める実益があるからである。ただし、子の直系卑属が成年であるときは、その成年である直系卑属の承諾が必要である（同項後段）。

イ　任意認知の無効

　①認知者に意思能力がない場合や、②第三者が父の名前を使って勝手に認知の届出をした場合は、たとえ血縁上の父子関係がある場合であっても、認知は無効である（②につき、最判昭和52・2・14家月29-9-78）。

　また、③認知者と子との間に血縁上の父子関係がない場合は、一定の者は認知の無効の訴え（認知無効の訴え）を提起することができる（786条）。この点については、次に項をあらためて説明する。

ウ　認知の無効の訴え　改正

　認知の無効の訴えを提起することができる者は、子またはその法定代理人、

認知をした者、子の母である（786条1項）。

　血縁上の父子関係がないことを知りながら認知をした者も、認知の無効の訴えにより無効を主張することができる（**最判平成26・1・14百選Ⅲ34**）。なぜなら、認知をするに至る事情は様々であるし、血縁上の父子関係がないにもかかわらずされた認知については、認知を受けた子の保護の観点からみても、あえて認知者自身による無効の主張を一律に制限すべき理由に乏しいからである。ただし、権利濫用の法理などによって、無効の主張が制限されることはありえよう。

　認知の無効の訴えは、原則として、認知を知った時（子またはその法定代理人、子の母）または認知をした時（認知をした者）から7年間の期間制限に服する（786条1項）。

　以上の認知の無効の訴えは、形成訴訟である。すなわち、認知の無効の訴えが提起され、認容判決（無効判決）が確定することによって、はじめて認知は無効となる（大判大正11・3・27民集1-137）。

　なお、認知の無効の訴えによって認知が無効とされた場合であっても、子は、認知した者が支出した子の監護費用を償還する義務を負わない（786条4項）。これは、嫡出否認についての778条の3（➡46ページ**6**）と同様に、子の利益を保護するための規定である。

エ　任意認知の取消し

　認知をした父は、認知を取り消すことができない（785条）。

　したがって、たとえば詐欺や強迫によって認知がなされた場合であっても、血縁上の父子関係が存在する限り、父は認知を取り消すことはできない（通説）。

　なお、血縁上の父子関係が存在しない場合は、認知の無効の訴えによって認知の無効を主張することができる（➡前ページ**ウ**）。

2　強制認知（裁判認知）　B⁺

　次に、強制認知（裁判認知）について説明する。

　父が任意に認知しない場合に、子、その直系卑属またはこれらの者の法定代理人は、認知の訴えを提起することができる（787条本文）。

この認知の訴えは形成訴訟であり、認知の訴えを認容する判決が確定すると認知の効果が生じる（最判昭和29・4・30民集8-4-861）。この認知を、強制認知または裁判認知という。

ア　認知の訴えの手続

認知の訴えを提起するには、まず、家庭裁判所に認知調停を申し立てなければならない（調停前置主義。家事事件手続法244条、257条）。

認知の訴えの原告となることのできる者は、子、その直系卑属、およびその法定代理人である（787条本文）。

認知の訴えの被告となる者は、父の生存中は父であり、父の死亡後は検察官である（人事訴訟法44条1項）。父の死亡後にも認知の訴えが認められる点に注意しよう。

イ　出訴期間

認知の訴えは、父の生存中は、いつでも提起することができる。

父の死亡後も、認知の訴えを提起することができるが、父の死亡の日から3年を経過すると、認知の訴えを提起することができなくなる（787条ただし書）。

なお、この出訴期間の制限は、父の死亡が客観的に明らかになった日から起算される（最判昭和57・3・19民集36-3-432）。

ウ　認知請求権の放棄

認知の訴えを提起して認知を請求する権利を、認知請求権という。

かかる認知請求権は、放棄することができない（最判昭和37・4・10民集16-4-693）。

したがって、父と、嫡出でない子または母との間で、父が金銭などを与える代わりに子や母が認知請求権を放棄する旨の契約、すなわち認知の訴えを起こさない旨の契約が締結されたとしても、かかる契約は無効である。

3　認知の効果　B+

任意認知であれ、強制認知であれ、およそ認知があると、法律上の父子関係が生じ、かつ、その効果は出生時にさかのぼって発生する（784条本文）。認知

に遡及効があることはしっかりと覚えておこう。

　ただし、認知後も、原則として**親権者は母のままである**。父が親権者となるには、母との協議または家庭裁判所の審判が必要である（819条4項、5項）。

　また、認知後も、子は母の氏を称する（790条2項）。

4　準正　B

　認知に関連する制度として、準正がある。

　準正とは、嫡出でない子の父母が子の出生後に婚姻することにより、**嫡出でない子に嫡出子の身分が付与される**制度をいう。

　この準正には、認知と婚姻の先後関係により、①婚姻準正と②認知準正とがある。

```
           ┌─ 婚姻準正：認知→婚姻
    準正 ─┤
           └─ 認知準正：婚姻→認知
```

　①婚姻準正とは、すでに認知されている子の父母が**婚姻**する場合をいう（789条1項）。

　この婚姻準正の効果は、**婚姻の時**から発生する（789条1項）。

　②認知準正とは、父母の**婚姻後**に子が認知される場合をいう（789条2項）。

　この認知準正の効果は、文言上は「認知の時」から生じるとされているが、子の利益保護のため、やはり**婚姻の時**から効果が生じると解されている（通説）。

　以上の準正は、子がすでに死亡している場合にも準用される（789条3項）。

　また、準正の効果は、その後に婚姻が取り消された場合でも、なお存続する（748条 ➡ 14ページ（**イ**））。

第 **6** 章

養親子関係

　法律上の親子関係は、養子縁組によっても発生する。養子縁組によって、養子は養親の嫡出子たる身分を取得することになる。

　養子縁組には、普通養子縁組と特別養子縁組がある。

　以下、それぞれについて説明する。

1. 普通養子縁組

1　成立要件) **B⁺**

　普通養子縁組が成立するには、婚姻や離婚と同じく届出が必要である（799条・739条）。

　出生の届出がされていない他人の子（主に新生児）を引き取った夫婦が、その子を自分たち夫婦の嫡出子として届け出た場合（いわゆる「藁の上からの養子」）、かかる届出は、嫡出子出生届として無効であるのはもちろん、養子縁組届としても無効であり、届け出た夫婦と他人の子との間に養親子関係は生じない（**最判昭和 50・4・8 百選Ⅲ 40**）。無効行為の転換（➡民法総則［第 3 版］265ページ **2**）は、養子縁組については認められないわけである。

　ただし、「藁の上からの養子」に対する親子関係不存在確認の訴えが、権利濫用にあたるとして排斥される場合はありうる（**最判平成 18・7・7 百選Ⅲ 30**）。無効行為の転換は認められないものの、事案によっては権利濫用の法理によって「藁の上からの養子」が保護されうるわけである。

2　有効要件　B+

ア　縁組意思

　次に、当事者間に縁組をする意思がないときは、普通養子縁組は無効である（802条1号）。すなわち、縁組意思の存在は、普通養子縁組の有効要件である。

　この縁組意思の内容については争いがあるが、社会通念上親子であると認められる関係を成立させる意思と解する実質的意思説が通説である。

　ただし、社会通念上親子であると認められる関係には多様なものがあることから、判例は、縁組意思の有無を、当該縁組が社会的にみて妥当かどうかで判断しているようである。

　たとえば、もっぱら相続税の節税のために養子縁組をする場合であっても、直ちに縁組意思がないとすることはできないとしている（最判平成29・1・31百選Ⅲ39）。

> 　相続税は、相続財産（遺産）から基礎控除額を差し引いた額に対して課されます。そして、差し引かれる基礎控除額は、3000万円＋600万円×相続人の数です（相続税法15条1項）。したがって、相続人が多いほど、基礎控除額も多くなります。
> 　そのため、たとえば孫を養子にすることによって基礎控除額を増やすという手法がとられることがあるのですが、判例は、このような節税目的の養子縁組であっても、直ちに縁組意思に欠けるとはいえないとしたわけです。
> 　ちなみに、基礎控除額の計算の際にカウントされる養子の数は、被相続人に実子がいる場合は1人まで、実子がいない場合は2人までに制限されています（相続税法15条2項。なお、同条3項も参照）。

イ　養親適格

　養親は、20歳に達していなければならない（792条）。18歳となって成人した後も、なお20歳になるまでは養親となることはできないわけである。

　また、卑属が尊属を養子にすることはできず、年少者が年長者を養子にすることもできない（793条）。養子縁組は親子関係を形成する行為であることから、これらの養子縁組が否定されているわけである。

　未成年後見人が未成年被後見人を養子にし、または成年後見人が成年被後見人を養子にするには、家庭裁判所の許可が必要である（794条）。これは、後見人が被後見人と養親子関係を形成することにより、自らの不適切な財産管理を隠ぺいするような事態を防止するための規制である。

ウ　配偶者のある者の縁組

配偶者のある者が縁組をする場合は、以下の制約がある。

（ア）未成年者を養子とする場合——夫婦共同縁組

まず、配偶者のある者が未成年者を養子とする場合は、原則として夫婦が共同して縁組しなければならない（795条本文）。これを、夫婦共同縁組の原則という。

夫婦共同縁組が原則とされているのは、夫婦がともに養親となり共同親権者となるのが、未成年者である養子を監護するうえで最も適切と考えられているからである。

ただし、①配偶者の嫡出子（いわゆる連れ子）を養子とする場合は、単独で縁組することができる（795条ただし書前段）。

たとえば、Aがその配偶者Bの嫡出子Cを養子とする場合は、Aは単独で縁組することができる。B・C間にはすでに実親子関係がある以上、B・C間の縁組は不要だからである。

> ちなみに、この795条ただし書前段は、文言上明らかなように、配偶者の嫡出子を養子とする場合の規定です。したがって、配偶者の嫡出でない子を養子とする場合は、原則どおり夫婦共同縁組が必要となります。仮に配偶者の嫡出でない子を養子とする場合にも単独で縁組ができるとすると、当該子は、養親との間では嫡出子となる一方で（➡58ページア）、実親との間では嫡出でない子のままという不自然な状態となり、子の利益を害することになってしまうからです。

また、②配偶者が心神喪失の場合や所在不明の場合などのように、配偶者が意思を表示できない場合も、単独で縁組することができる（795条ただし書後段）。

なお、配偶者のない者が未成年者を養子とする場合は、以上の夫婦共同縁組の原則はもちろん適用されず、単独縁組によることになる。

（イ）成年者を養子とする場合——夫婦単独縁組

以上に対し、配偶者のある者が成年者を養子とする場合は、単独で縁組をすることができる（夫婦単独縁組）。この場合は、子の監護の問題は生じないからである。

ただし、配偶者のある者が単独縁組をするには、夫婦共同縁組をする場合や配偶者が意思を表示できない場合を除き、**配偶者の同意を得なければならない**

（796条）。なぜなら、配偶者のある者による単独縁組は、姻族関係や相続、扶養などの点で、配偶者の利害に重大な影響を及ぼしうるからである。

なお、同意したからといって、同意した配偶者自身が養親となるわけではない。同意と縁組自体とを混同しないように注意しよう。

（ウ）養子となる場合

配偶者のある者が養子となる場合にも、（イ）と同様の規制がある。

すなわち、配偶者のある者が養子となる場合には、夫婦共同縁組をする場合や配偶者が意思を表示できない場合を除き、配偶者の同意を得なければならない（796条）。

エ　未成年養子

未成年者が養子となる（＝未成年者を養子とする）場合は、前ページ**ウ**（ア）で述べた夫婦共同縁組の原則に加えて、未成年者の保護のため、以下の制約が定められている。

（ア）家庭裁判所の許可

まず、未成年者を養子とするには、家庭裁判所の許可が必要である（798条本文）。

ただし、その例外として、自己または配偶者の直系卑属を養子とする場合は、家庭裁判所の許可は不要である（798条ただし書）。

たとえば、祖父母が未成年の孫（自己の直系卑属）を養子とする場合や、夫が妻の未成年の連れ子（配偶者の直系卑属）を養子とする場合は、家庭裁判所の許可は不要なわけである。

> 家庭裁判所の許可について、このような例外が定められているのは、自己または配偶者の直系卑属を養子とする場合は、子が搾取されたり、虐待を受けたりする可能性は少ないと立法者が考えたからです。
> しかし、実際には、連れ子が実親の再婚相手から虐待を受けるというケースが多々見られます。立法論としては疑問の多い規定と言わざるを得ないでしょう。

なお、自己または配偶者の傍系卑属（たとえば弟・妹や、甥・姪）を養子とする場合は、原則どおり家庭裁判所の許可が必要である。

（イ）代諾縁組

次に、未成年養子のうち、15歳未満の者が養子となる場合は、養子となる子

自身が縁組の意思表示をすることはできず、その法定代理人が子に代わって縁組の承諾をする（797条1項）。これを、代諾縁組（または代諾養子縁組）という。

親権者と監護者が別人の場合（➡31ページイ）は、親権者たる法定代理人が代諾をするには監護者の同意が必要である（797条2項前段）。

また、親権停止中の父母がいる場合に、法定代理人が代諾をするには、親権停止中の父母の同意が必要である（797条2項後段）。

以上に対し、15歳以上の未成年者が養子となる場合は、養子となる子自身が縁組の意思表示を行います。この意思表示には、法定代理人の同意は不要です。

とすると、不適切な縁組が行われてしまうのではないかと心配になるかもしれませんが、およそ未成年者の縁組には原則として家庭裁判所の許可が必要ですから（798条本文 ➡前ページ（ア）、不適切な縁組は回避できるようになっています。

ちなみに、養子となる未成年者が養親または養親の配偶者の直系卑属である場合は、例外的に家庭裁判所の許可は不要です（798条ただし書 ➡前ページ（ア）。したがって、たとえば15歳以上の未成年者が自らの祖父母と縁組をする場合は、法定代理人の同意も家庭裁判所の許可も要せずに縁組をすることができるわけです。

3 効果 B+

ア 養親子関係の発生

養子は、縁組の日から、養親の嫡出子たる身分を取得する（809条）。

したがって、養子が未成年の場合はその養子は養親の親権に服することになる（818条2項）。また、養親子間に、相続（887条、889条）や扶養（877条1項）などの権利義務関係が生じる。

さらに、養子は、原則として養親の氏を称する（810条本文）。

イ 養子と養方の法定血族関係の発生

縁組により、養子と、養親および養親の血族すなわち養方との間には、法定血族関係が生じる（727条）。

たとえば、養親に実子がいる場合、養子と養親の実子は兄弟姉妹となる。

他方で、縁組時の養子の血族と、養方との間には、何らの関係も生じない。

たとえば、養子の実方の兄弟姉妹と養親との間には、何らの関係も発生しない。また、縁組時に養子に子がある場合、その養子の子と養親との間には、何らの関係も発生しない。

なお、縁組後に生まれた養子の子は、養親の直系卑属（孫）になる。かかる

子は、養子と養親との間の法定血族関係が生じた後の養子の子だからである。

以上の内容は混乱しやすいので、十分に注意して押さえておこう。

ウ　実親子関係の存続

普通養子縁組が行われても、後述する特別養子縁組が行われた場合とは異なり、養子とその実親および実親の親族すなわち実方との親族関係は存続する。

したがって、たとえば養子の実親が死亡した場合、養子は実親の相続人となる。

4　無効・取消し　B

ア　普通養子縁組の無効

縁組意思は縁組の有効要件であるから、当事者に縁組意思のない縁組は無効である（802条1号）。

代諾縁組（➡57ページ（イ））において、代諾した者に代諾権がなかった場合も、代諾権を有する者の縁組意思に欠ける縁組といえることから、無効である。

ただし、養子本人が15歳以上になってから追認した場合は、有効な縁組となる（**最判昭和39・9・8百選Ⅲ40**）。

なお、かかる養子本人による追認については、116条ただし書は適用されない（同判例）。116条ただし書は取引の安全のための規定であるところ、これを養子縁組の追認に類推適用することは、事実関係を重視するべき身分関係の本質に反するから、というのがその理由である。

養子縁組の無効は、家庭裁判所に養子縁組無効の訴えを提起して争うことになる（人事訴訟法2条3号）。

イ　普通養子縁組の取消し

普通養子縁組が有効要件（➡55ページ **2**）を備えていない場合や、詐欺・強迫による場合は、一定の者がその取消しを求めることができる（803条から808条）。

ただし、かかる取消しは、将来に向かってのみその効力を生じ、遡及効は認められない（808条1項前段・748条1項）。

養子縁組の取消しは、養子縁組取消しの訴えを提起して行う（人事訴訟法2条3号）。

5 離縁 B

離縁とは、有効に成立した養子縁組を解消することをいう。

普通養子縁組の離縁には、①協議離縁（811条1項）、②死後離縁（811条6項）、③調停離縁（家事事件手続法244条）、④審判離縁（同法284条）、⑤裁判離縁（814条）の5つがある。

これらのうち、以下では、民法で定められた①協議離縁、②死後離縁、⑤裁判離縁について説明する。

ア 協議離縁

普通養子縁組の当事者は、協議により離縁することができる（811条1項）。これを、協議離縁という。

協議離縁は、養親と養子の協議により離縁の合意がまとまり、それを戸籍法の定めるところに従い届け出ることによって成立する（812条・739条）。

養子が15歳未満であるときは、協議は、養親と、離縁後に養子の法定代理人となるべき者との間でなされる（811条2項）。

夫婦である養親が未成年者である養子と離縁をするには、原則として、夫婦が共同で離縁をしなければならない（811条の2）。

イ 死後離縁

普通養子縁組の当事者の一方が死亡した場合、生存当事者は、家庭裁判所の許可を得て離縁をすることができる（811条6項）。これを、死後離縁という。

当事者の一方が死亡しただけでは離縁は成立せず、家庭裁判所の許可が必要とされている点に注意しよう。

死後離縁に家庭裁判所の許可が必要とされているのは、たとえば養親の死亡によって養子が多額の財産を相続したにもかかわらず、その後に養親の親族（たとえば養親の孫）に対する扶養義務を免れることを目的として離縁する場合のような、道義に反する恣意的離縁を防止するためである。

ウ　裁判離縁

　普通養子縁組の当事者は、次の3つの場合に限り、離縁の訴えを提起することができる（814条1項）。

　①他の一方から悪意で遺棄されたとき（1号）

　②他の一方の生死が3年以上明らかでないとき（2号）

　③その他縁組を継続し難い重大な事由があるとき（3号）

　①②の事由がある場合でも、裁判所は裁量で離縁の請求を棄却することができる（814条2項・770条2項）。

　養子が15歳未満であるときは、離縁後の法定代理人となるべき者が離縁の訴えの原告または被告となる（815条）。

エ　離縁の効果

（ア）養方との親族関係の終了

　離縁によって、養子と養親の養親子関係は終了する。

　また、養子と養親の親族（養方）との法定血族関係も終了し、縁組後に養子に生じた配偶者・直系卑属・直系卑属の配偶者と、養方との親族関係も、ことごとく終了する（729条）。

（イ）復氏

　養子は、原則として、離縁によって縁組前の氏に復する（816条1項本文）。

　ただし、その例外として、①夫婦共同で養子となった者の一方だけが離縁した場合は、復氏しない（816条1項ただし書）。

　また、②縁組の日から7年以上経過して離縁した場合は、養子は離縁の日から3か月以内に届け出ることによって、離縁時の氏（＝養親の氏）を離縁後も称し続けることができる（816条2項）。

2. 特別養子縁組

養子縁組には、以上で説明した普通養子縁組のほかに、特別養子縁組がある。

特別養子縁組は、普通養子縁組とは異なり、養子と養子の実方と間の親族関係を断絶する断絶型の縁組であり、また、家庭裁判所の審判によって成立する国家（司法）宣言型の縁組である。

1 要件 B+

ア 家庭裁判所の審判

特別養子縁組は、養親となる者の請求に基づいて、家庭裁判所が各要件を審査したうえで、特別養子縁組を成立させる旨の家庭裁判所の審判によって成立する（817条の2第1項）。

この家庭裁判所の審判がない限り、特別養子縁組は成立しない。

イ 養親適格

養親は、配偶者のある者でなければならない（817条の3第1項）。

また、原則として夫婦が共同して養親とならなければならない（817条の3第2項本文）。ただし、夫婦の一方の嫡出子（連れ子）を夫婦の他方が特別養子とする場合は、夫婦共同縁組をする必要はなく、単独縁組でよい（同項ただし書）。

養親夫婦の年齢は、原則として夫婦ともに25歳以上でなければならない（817条の4本文）。ただし、その例外として、一方が25歳以上であれば、他方が20歳以上であってもよい（同条ただし書）。

817条の4については、なぜ本文とただし書に分かれているのか、単に「夫婦の一方が25歳以上、他方が20歳以上であることを要する」とだけ定めればいいのではないか、と疑問に思うかもしれません。文献を見てもはっきりとしないのですが、私見では、本文の場合とただし書の場合とでは、家庭裁判所が特別養子縁組を成立させる旨の審判をする際のハードルが異なると理解すればいいのではないかと思います。すなわち、夫婦ともに25歳以上の場合は、養親の年齢については特段問題は生じないのに対し、夫婦の一方のみが25歳以上の場合は、家庭裁判所は他の事情なども総合的に考慮して、特別養子縁組を成立させる旨の審判をす

るか否かを判断することになる（特別養子縁組を成立させてもよいし、他方が25歳未満であることを理由に成立させなくてもよい）という趣旨だと理解するわけです。そのように理解すれば、わざわざ本文とただし書に分けて規定されているのにも意味がある、ということができるのではないかと思います。

ウ　養子適格

養子の年齢は、原則として、特別養子縁組の請求（申立て）時に15歳未満でなければならない（817条の5第1項前段。例外につき817条の5第2項、3項）。

また、特別養子縁組が成立するまでに18歳に達したときは、養子となることができない（817条の5第1項後段）。

エ　父母の同意

家庭裁判所が特別養子縁組を成立させるためには、原則として父母（実親）の同意が必要である（817条の6本文）。

ただし、その例外として、父母がその意思を表示することができない場合や、父母による虐待や悪意の遺棄など養子となる者の利益を著しく害する事由がある場合は、父母の同意は不要である（817条の6ただし書）。

オ　要保護性

特別養子縁組は、①父母による養子となる者の監護が著しく困難または不適当であることなどの特別の事情がある場合において、②子の利益のため特に必要があると認めるときに、家庭裁判所がこれを成立させる（817条の7）。

すなわち、特別養子縁組の成立要件として、①特別の事情と②子の利益のために特に必要であることが必要なわけである。

父母に虐待されている子、捨て子、児童養護施設に入所している子などについては、これらの要件が認められることが多い。

2　手続　B−

特別養子縁組は、次の2段階の手続を経て成立する。

まず、家庭裁判所は、養子に関する要件（817条の5）と実親に関する要件（817条の6、817条の7）について判断する。これを、特別養子適格の確認の審

判という（家事事件手続法 164 条の 2 参照）。

次に、家庭裁判所は、6 か月以上の試験養育期間における監護の状況を踏まえて（817 条の 8 第 1 項）、特別養子縁組を成立させるか否かについて判断する。これを、特別養子縁組の成立の審判という（家事事件手続法 164 条参照）。

養親となるべき者は、かかる 2 つの審判を同時に申し立てなければならない（家事事件手続法 164 条の 2 第 3 項）。

3　効果　B+

特別養子縁組が成立すると、養子と養親および養方の血族との親族関係が生じる半面、養子と実方の父母および実方の血族との親族関係はすべて終了する（817 条の 9 本文）。養子と実方とは、法律上は他人となるわけである。普通養子縁組の効果（➡ 59 ページ**ウ**）と区別して、しっかりと覚えておこう。

ただし、実方との近親婚についての制限は残る（734 条 2 項、735 条 ➡ 11 ページ（**ウ**））。この点は注意しよう。

> ちなみに、特別養子縁組が成立した場合の戸籍については、①実親の戸籍から子を抜き出し、②子単独の戸籍（中間戸籍）を編成したうえで（戸籍法 20 条の 3）、③その中間戸籍から養親の戸籍に子を入籍させるという特別な処理が行われます。このような特別な処理によって、戸籍を一見しただけではその子が養子であることがわからないようにしつつ、子が手間をかけて自らの戸籍をたどりさえすれば自らの出自を知ることもできるようになっているのです。

4　離縁　B

特別養子縁組の離縁は、ごく限られた場合にのみ認められる。

すなわち、①養親による虐待、悪意の遺棄などの養子の利益を著しく害する事由があり、かつ②実父母が相当の監護をすることができる場合において、③養子の利益のために特に必要があると認めるときに限り、④養子・実父母・検察官の請求により、家庭裁判所は審判によって離縁させることができる（817 条の 10 第 1 項）。④について、養親による請求は認められていない点に注意しよう。

以上の要件を満たす場合以外は、特別養子縁組の離縁は認められない（817 条の 10 第 2 項）。

第 7 章

親権

---

1. 親権の意義　Ａ

　親権とは、未成年の子（以下、本章では単に「子」と表記する）の利益のために、子の監護・教育を行い（820条）、かつ子の財産を管理する（824条本文）権利・義務をいう。

```
        ┌ 身上監護権（監護・教育）
親権 ┤
        └ 財産管理権（財産管理・代表）
```

　この親権の定義からも読み取れるように、親権の内容は、①監護・教育にかかる身上監護権と、②財産管理権に大別される。

　　親権ということばの響きから、「親は子に対して親権という権利を有しており、子は親権者である親に服従しなければならない」という誤解が生じてしまいがちです。
　　確かに、親権には権利という側面があるのですが、かかる側面はあくまでも**子の利益のために認められるもの**であるにとどまります。このことは、令和4（2022）年の改正で新設された821条（➡ 68ページ **1**）からも明らかです。また、今日では、**親権の本質は権利ではなく義務**であると解されています。誤解なきよう、しっかりと理解しておいてください。
　　ちなみに、このような誤解を回避するためにも、「親権」という用語は、法改正によってたとえば「親責任」（parental responsibility）などの用語に変更されるべきであるとの指摘がなされています。

2. 親権者の範囲

誰が親権者となるのかは、主として子の法的地位によって決まる。

1 実子たる嫡出子の親権者 🅰

ア 父母の共同親権

まず、実子たる嫡出子は、原則として父母の共同親権に服する（818条1項、3項）。共同親権の具体的な行使方法については、71ページ **5.** を参照してほしい。

イ 父母の一方が死亡した場合

ただし、父母の一方が死亡した場合は、生存している他方が単独で親権者となる。法律上の障害（成年後見開始、親権喪失など）や事実上の障害（行方不明、長期不在など）のため、父母の一方が親権を行使できない場合も、他方が単独で親権者となる（818条3項）。

ウ 父母が離婚した場合

また、父母が離婚した場合は、父母のいずれかが単独で親権者となる（819条1項、2項。詳しくは ➡ 30ページ**ア**）。

子の出生前に父母が離婚した場合は、母が単独で出生した子の親権者となる（819条3項本文）。ただし、子の出生後に、父母の協議で父を親権者と定めることができる（同項ただし書）。この協議が調わないとき、または協議をすることができないときは、家庭裁判所は、父または母の請求によって、協議に代わる審判をすることができる（同条5項）。

2 養子の親権者 🅱➕

養子は、養親の親権に服する（818条2項）。養親が養子の親権者となり、実父母の親権は消滅するわけである。

養親が夫婦である場合は、上記**ア**と同様に、養子は原則として養父母の共同

親権に服する（818条1項、3項）。ただし、養父母の一方が死亡した場合や、法律上の障害または事実上の障害のため養父母の一方が親権を行使できない場合は、他方が単独で親権者となる（同条3項）。

養子が養父母双方と離縁した場合は、養親子関係が終了するため、実父母の親権が回復するものと解されている。

他方で、養父母双方が死亡した場合は、実父母の親権は回復せず、未成年後見（➡ 79ページ**1.**）が開始する（通説・実務）。養親の死亡のみによっては離縁は成立しないから、というのがその理由である（➡ 60ページ**イ**参照）。

3　嫡出でない子の親権者　B⁺

嫡出でない子は、母が単独で親権者となる。

ただし、父が認知した後、父母の協議または審判によって、父を親権者と定めることができる（819条4項、5項）。

いずれにせよ、母または父の単独親権となる点に注意しよう。

4　親が未成年者の場合の子の親権者──親権代行者　B

生まれた子の親が未成年者の場合は、親たる当該未成年者に代わって、当該未成年者の親権者または未成年後見人が、生まれた子について親権を行使する（833条、867条1項）。

たとえば、未成年者のAがBを出産した場合、Aではなく、Aの父母がBについて親権を行使するわけである。

このように、未成年者に代わって未成年者の子に対して親権を行使する者を、親権代行者という。

5　単独親権者の変更　B

最後に、単独親権者の変更について説明する。

父または母が単独親権者である場合において、子の利益のため必要があると認めるときは、家庭裁判所は、子の親族の請求によって、親権者を他の一方に変更することができる（819条6項）。

たとえば、離婚時に協議で母を親権者と定めたものの、その母が子を虐待しているような場合は、父の請求により、家庭裁判所は親権者を父に変更するこ

とができるわけである。

3. 親権の内容

親権は、身上監護権と財産管理権をその内容とする。

1 身上監護権 B 改正

身上監護権とは、子の利益のために、子の監護および教育を行う権利・義務をいう（820条）。また、監護と教育をあわせて、身上監護という。

この820条のいう「監護」とは、子に衣食住などを与え、子を養育することをいい、「教育」とは、家庭教育・学校教育を問わず、子の成育に必要な教育を子に施すことをいう。

親権を行う者は、子の監護および教育をするにあたっては、子の人格を尊重するとともに、その年齢および発達の程度に配慮しなければならず、かつ、体罰その他の子の心身の健全な発達に有害な影響を及ぼす言動をしてはならない（821条）。

身上監護権の具体的な内容のうち、明文があるものとして、①居所指定権（822条）、②職業許可権（823条）、③15歳未満の養子縁組の代諾権（797条1項）、④15歳未満の養子縁組の監護者の同意権（同条2項前段）がある（③と④につき ➡ 57ページ（イ））。

また、明文はないものの、⑤命名権や、⑥親権の行使を第三者が妨害した場合の第三者に対する妨害排除請求権（最判昭和38・9・17民集17-8-968）なども、身上監護権の内容と解されている。

2 財産管理権 B

財産管理権とは、親権者が子の財産を管理し、かつ、その財産上の法律行為について子を代表する権利・義務をいう（824条本文）。

ア 「財産を管理」——自己のためにするのと同一の注意義務

親権者が子の財産を管理するに際しては、自己のためにするのと同一の注意義務を負う（827条）。

受任者等とは異なり、親権者は善管注意義務までは負わないわけである。この点は覚えておこう（➡ 債権各論172ページの表参照）。

イ 「子を代表」——包括的な代理

824条本文のいう「代表」とは、包括的な代理という意味である。この点はしっかりと覚えておこう。

すなわち、親権者は、子の財産に関する法律行為について、包括的な代理権を有する法定代理人にあたるわけである。

ただし、利益相反行為については、親権者の代理権は認められない。この点は後に詳しく説明する（➡ 72ページ **6.**）。

また、親権者の代理権は、子の財産に関する法律行為（相続を含む）に限って認められる（824条本文）。それ以外の行為については、法律に規定のある場合（具体的には、775条、787条、791条3項、797条、804条、811条2項、815条の場合）に限って、代理権が認められるにとどまる。したがって、たとえば婚姻や離婚、任意認知については、親権者といえども代理権は認められない。

4. 親権の終了

子が成年に達すれば、親権は終了し、財産管理も終了する。

1 管理の計算) B

子が成年に達して財産管理が終了した場合、親権を行った者は、遅滞なく管理の計算をしなければならない（828条本文）。

ここで「管理の計算」とは、財産管理によって生じた収益と支出した費用を明らかにし、子の所有に属する財産を確定して、その結果を子に報告するとい

う意味である。

2 収益と費用の相殺 ）Ｂ

828条ただし書は、子の財産から収益があった場合は、かかる収益と、成年に達した子の養育費用（監護・教育のために要した費用）および財産管理費用（固定資産税の負担や家屋の修繕費など）とは、相殺したものとみなされる旨定めている。

この828条ただし書の趣旨については、見解が対立している。

かつての通説は、828条ただし書は、親権者に子の財産管理によって生じた収益を収受する権利を認めた規定であると解していた。

このかつての通説からは、子の財産管理によって生じた収益の方が、子の養育費用および財産管理費用よりも大きい場合は、親権者はその余剰を収受することができる（その余剰を成年に達した子に返還する必要はない）ということになる。

これに対し、現在の通説は、①親権者には収益を収受する権利はなく、余剰があれば親権者は成年した子にその余剰を返還しなければならないが、②支出した養護費用および財産管理費用を明確に計算することは困難であるから、これらの費用と収益とのアンバランスが顕著でない限り、差引きゼロとみなしても必ずしも違法ではない、とする趣旨の規定であると解している。

子の利益の保護の見地からは、現在の通説が妥当であろう。

3 財産の管理について生じた債権の消滅時効 ）Ｂ⁻

親権者とその子との間に財産の管理について生じた債権（たとえば親権者の財産管理上の過失によって子が受けた損害の賠償請求権）は、親権者の財産管理権が消滅した時から起算して5年で消滅時効にかかる（832条1項。その例外として同条2項）。

5. 共同親権の行使方法

1 共同行使の原則　B⁺

　すでに述べたとおり、未成年者は原則として父母の親権に服するが（818条1項 → 66ページ **1**）、この父母の親権は父母が共同して行う（同条3項本文）。

　ここで「共同して行う」とは、共同の意思に基づき行うという意味である。したがって、親権の行使が父母双方の名義で行われることは、必ずしも要しない。

　たとえば、財産管理や代理（824条本文）、子の法律行為への同意（5条1項本文）などが父の名義だけで行われた場合であっても、母の同意があれば、かかる父の行為は有効である。

2 他の一方の意思に反する共同名義の行為　B

　また、父母の一方が、他の一方の意思に反しているにもかかわらず、勝手に共同の名義で子を代理または子の法律行為への同意を行った場合は、善意の第三者を保護するべく、善意の第三者との関係ではかかる代理や同意は有効となる（825条）。

　たとえば、父が母の意思に反して、勝手に父母の共同名義で子を代理して子が所有する土地をAに売った場合、本来は818条3項本文に反する無権代理行為として無効となるはずであるが、母の意思に反していることについてAが「善意」であれば、かかる売買契約は有効となる。

　この825条の「善意」については、善意無過失と解する見解が有力である。

6. 利益相反行為

　親権者が有する子の財産管理権ないし包括的代理権に対する重要な制限として、利益相反行為の定めがある。この定めはきわめて重要である。

1　意義　Ａ

　ここで利益相反行為とは、①親権者と子の利益が相反する行為（826条1項）、および②同一の親権者の親権に服する複数の子同士の利益が相反する行為（同条2項）をいう。

　たとえば、親権者の借金の担保として、子の所有する土地に対する抵当権の設定を親権者が子を代理して行うという場合が、①の例である。

　また、母の単独親権に服する未成年の子Ａ・Ｂがいるところ、Ａ・Ｂの父が死亡し、Ａ・Ｂのみが父の共同相続人となっている場合において、母がＡ・Ｂを代理して遺産分割協議を行う場合が、②の例である。

　このような利益相反行為については、親権者は、子を代理したり、子の法律行為への同意を与えたりすることはできない。親権者は、子のために特別代理人を選任することを家庭裁判所に請求し、その特別代理人に代理または同意をさせなければならないのである（826条1項、2項）。

2　利益相反行為の効果　Ａ

　親権者が利益相反行為について自ら代理した場合は、その行為は無権代理行為となる（108条2項本文）。

　また、親権者が利益相反行為について子に同意を与えた場合は、かかる同意は無効であり、子による行為は原則どおり取消しの対象となる（5条2項）。

3　判断基準──外形説　Ａ⁺　➡論証8

　では、利益相反行為にあたるか否かの判断基準については、どのように解するべきであろうか。

　仮に、ある行為が親権者の動機や意図といった主観面を理由として利益相反

行為にあたると判断されてしまうと、法律行為の相手方に不測の損害を及ぼす
おそれがある。

そこで、通説である外形説は、親権者の動機や意図は問題とせず、行為の外
形から客観的に判断するべきと解している。判例も同様の見解である（最判昭
和 37・10・2 民集 16-10-2059 など）。

4 利益相反行為への該当性の判断 Ⓐ

以上の外形説を前提として、利益相反行為にあたるか否かの判断を、具体的
に検討していこう。

まず、①親権者が子を代理して金銭を借り入れ、その担保として子が所有す
る不動産に抵当権を設定する行為は、たとえ親権者の意図が自分の遊興費の調
達にあったとしても、利益相反行為にあたらない。

また、②親権者が子を代理して、第三者の債務の担保として、子が所有する
不動産に根抵当権を設定する行為は、利益相反行為にあたらない（**最判平成
4・12・10 百選Ⅲ 51**）。

なお、①や②の行為が親権者による代理権の濫用にあたり無権代理となるの
ではないかという問題については、民法総則で学んだとおりである（➡民法総
則［第 3 版］213 ページ **2**）。

他方で、③親権者が子を代理して、自己（親権者）の債務の担保として、子
が所有する不動産に抵当権を設定する行為は、たとえ親権者の意図が子の養育
費や学費の調達にあったとしても、利益相反行為にあたる。

さらに、④子を代理して子の財産を自己（親権者）の債務の代物弁済にあて
る行為は、利益相反行為にあたる（**最判昭和 35・2・25 百選Ⅲ 50**）。

①の場合、自己の遊興費の調達という親権者の意図を考慮すれば、親権者の利益と子の利益
が相反しているということになります。しかし、そうした親権者の意図は相手方にはわからな
いのが通常ですから、考慮しないというのが外形説です。この外形説からすると、親権者は、
単に子を代理して借入れをしたり、子の債務の担保として子の財産に抵当権を設定しているだ
けですから、親権者と子との間の利益相反行為にはあたりません。

②については、被担保債権の債務者である第三者の利益と物上保証人となる子の利益は外
形上相反しているものの、親権者は被担保債権の債務者ではない以上、親権者の利益と子の利
益は外形上相反しているとはいえませんから、利益相反行為にはあたりません。

他方で、③については、親権者自身の債務の担保として、親権者が子を代理して子の財産に
抵当権を設定しているため、外形上親権者の利益と子の利益が相反しているといえます。その

ため、この場合は、親権者の意図を問わず、利益相反行為にあたることになります。
　④についても、やはり親権者自身の債務の代物弁済を、親権者が子を代理して行っているため、外形上親権者と子の利益が相反しているといえ、利益相反行為にあたることになります。

　また、相続放棄も利益相反行為にあたりうる。

　たとえば、⑤父A、母B、未成年の子Cがいる事案で、父Aが死亡し、母Bと未成年の子Cが共同相続人となったところ、母Bが、自らは相続を放棄せず、その一方で子Cを代理して子Cの相続を放棄する場合は、かかる代理行為は利益相反行為にあたる。

　他方で、⑥父Aが死亡し、母Bと未成年の子Cが共同相続人となっているところ、母Bがあらかじめ自らの相続を放棄したうえで、子Cを代理して子Cの相続も放棄する場合や、自らの相続を放棄するのと同時に子Cを代理して子Cの相続も放棄する場合は、利益相反行為にあたらない（最判昭和53・2・24民集32−1−98参照）。

　さらに、遺産分割協議も利益相反行為にあたりうる。

　たとえば、⑦相続権を有しない親権者が、共同相続人である数人の子を代理して行う遺産分割協議は、826条2項の利益相反行為にあたる（最判昭和48・4・24家月25−9−80）。

5　特別代理人の選任の請求と権限　B⁺

　以上で学んできたとおり、親権者は、①親権者と子の利益が相反する利益相反行為や、②子の1人と他の子の利益が相反する利益相反行為を、行うことはできない。これらの利益相反行為については、親権者は、その子のために特別代理人を選任することを家庭裁判所に請求しなければならない（826条1項、2項）。

　かかる請求を受けて家庭裁判所によって選任された特別代理人は、当該行為についてのみ、代理権・同意権を有する。

　なお、共同親権者の一方（たとえば父）とだけ利益が相反している場合も、他方の親権者（たとえば母）による単独代理は認められず、特別代理人の選任が必要である。この場合、特別代理人と他方の親権者が共同で子を代理したり、子の法律行為への同意を与えたりすることになる（最判昭和35・2・25百選Ⅲ50）。

7. 親権の喪失・制限、管理権の喪失

　父母が子の利益のために親権を適切に行使しない場合は、①親権喪失（834条）、②親権停止（834条の2）、③管理権喪失（835条）の対象となりうる。

　以下、それぞれの概要を説明する。

1　親権喪失　B

　まず、家庭裁判所は、一定の要件を満たすときは、申立権者の請求により、親権喪失の審判をすることができる（834条）。

ア　親権喪失の審判の効果

　家庭裁判所が親権喪失の審判をすると、その対象となった親権者は親権を喪失し、身上監護権および財産管理権を行使できなくなる。

　共同親権の場合に、親権者の一方が親権喪失の審判を受けたときは、他方の単独親権となる。

　単独親権の場合に、親権者が親権喪失の審判を受けたときは、未成年後見が開始する（838条1号 ➡ 79ページ **1.**）。

　なお、親権喪失の審判があっても、法律上の親子関係は存続する。したがって、たとえば子が父母を、あるいは父母が子を相続することは可能である（887条、889条1号）。

イ　親権喪失の審判の申立権者

　親権喪失の審判の申立権者は、子、その親族、未成年後見人、未成年後見監督人、検察官（834条本文）および児童相談所長（児童福祉法33条の7）である。

ウ　親権喪失の審判の要件

　以上の申立権者による申立てがあった場合、家庭裁判所は、父母による子の虐待または悪意の遺棄があるときや、父母による親権の行使が著しく困難また

は不適当であることにより子の利益を著しく害するときは、親権喪失の審判を
することができる（834条本文）。

　ただし、2年以内にこれらの原因が消滅する見込みがあるときは、親権喪失
の審判をすることができない（834条ただし書）。

エ　親権喪失の審判の取消し

　親権喪失の原因が消滅したときは、家庭裁判所は、親権喪失の審判を受けた
本人またはその親族の請求により、親権喪失の審判を取り消すことができる
（836条）。

2　親権停止 　B

　次に、家庭裁判所は、一定の要件をみたすときは、申立権者の請求により、
親権停止の審判をすることができる（834条の2）。

ア　親権停止の審判の効果

　家庭裁判所が親権停止の審判をすると、その対象となった親権者は、「2年
を超えない範囲内で」（834条の2第2項）一時的に親権を喪失し、その期間内
は身上監護権および財産管理権を行使できなくなる。

イ　親権停止の審判の申立権者

　親権停止の審判の申立権者は、親権喪失の審判の申立権者（➡ 前ページイ）
と同じく、子、その親族、未成年後見人、未成年後見監督人、検察官（834条
の2第1項）および児童相談所長（児童福祉法33条の7）である。

ウ　親権停止の審判の要件

　以上の申立権者による申立てがあった場合、家庭裁判所は、父母による親権
の行使が困難または不適当であることにより子の利益を害するときは、親権停
止の審判をすることができる（834条の2第1項）。

　親権停止の審判をするときは、家庭裁判所は、その原因が消滅するまでに要
すると見込まれる期間、子の心身の状態および生活の状況その他一切の事情を
考慮して、2年を超えない範囲内で、親権を停止する期間を定める（834条の2

第2項)。

エ　親権停止の審判の取消し

親権停止の原因が消滅したときは、家庭裁判所は、親権停止の審判を受けた本人またはその親族の請求により、親権停止の審判を取り消すことができる（836条）。

3　管理権喪失　**B**

家庭裁判所は、一定の要件をみたすときは、申立権者の請求により、管理権喪失の審判をすることができる（835条）。

親権には身上監護権と財産管理権が含まれるが、これらのうち、財産管理権のみを喪失させることもできるわけである。

ア　管理権喪失の審判の効果

家庭裁判所が管理権喪失の審判をすると、その対象となった親権者は、親権のうち財産管理権のみを喪失する。身上監護権は喪失しない。

イ　管理権喪失の審判の申立権者

管理権喪失の審判の申立権者は、親権喪失や親権停止の審判の申立権者と同じく、子、その親族、未成年後見人、未成年後見監督人、検察官（835条）および児童相談所長（児童福祉法33条の7）である。

ウ　管理権喪失の審判の要件

以上の申立権者による申立てがあった場合、家庭裁判所は、父母による管理権の行使が困難または不適当であることにより子の利益を害するときは、管理権喪失の審判をすることができる（835条）。

エ　管理権喪失の審判の取消し

管理権喪失の原因が消滅したときは、家庭裁判所は、管理権喪失の審判を受けた本人またはその親族の請求により、管理権喪失の審判を取り消すことができる（836条）。

	親権喪失	親権停止	管理権喪失
効　果	親権喪失	2年を超えない範囲内での親権の停止	財産管理権の喪失
申立権者	子、その親族、未成年後見人、未成年後見監督人、検察官、児童相談所長	同左	同左
審判の要件（原因）	・虐待 ・悪意の遺棄 ・親権の行使が著しく困難または不適当であることにより子の利益を著しく害する ・ただし、2年以内にこれらが消滅する見込みがあるときは審判不可	・親権の行使が困難または不適当であることにより子の利益を害する	・管理権の行使が困難または不適当であることにより子の利益を害する
審判の取消しの要件	原因の消滅＋本人または親族の請求	同左	同左

8. 親権・管理権の辞任・回復　B⁻

　親権を行う父母は、やむを得ない事由があるときは、家庭裁判所の許可を得て、親権または管理権を辞任することができる（837条1項）。

　やむを得ない事由としては、父母の病気、長期間の海外渡航、服役などがこれにあたりうる。

　また、かかる事由が消滅したときは、辞任した父母は、家庭裁判所の許可を得て、親権または管理権を回復することができる（837条2項）。

第 8 章

後見・保佐・補助

　民法は、制限行為能力者として、①未成年者、②成年被後見人、③被保佐人、④補助人の同意を要する旨の審判を受けた被補助人を定め（13条1項10号かっこ書）、これらの者を手厚く保護している。

　これらの制限行為能力者については、民法総則と親族法に分かれて条文が規定されているが、民法総則の規定についてはすでに学んだとおりである（➡民法総則［第3版］65ページ **4.** 以下）。

　以下では、主として親族法の規定を説明する。

1. 未成年後見

　未成年者の保護は、その親権者によって行われるのが原則である（➡65ページ **1.**）。

　しかし、親権を行う者が1人もいないときや、親権を行う者が管理権を有していないときには、親権者による保護は実現できない。

　そこで定められているのが、未成年後見の制度である。

1 未成年後見の開始) B+

　未成年後見は、①親権を行う者がいないとき、または②親権を行う者が管理権を有しないときに、開始する（838条1号）。

　具体的には、親権者の死亡、親権喪失（➡75ページ **1**）、親権停止（➡76ページ **2**）、管理権喪失（➡77ページ **3**）、親権・管理権の辞任（➡78ページ **8.**）により、親権者が1人もいなくなるか、親権者がいても管理権を失った場合

に、未成年後見が開始する。

2　未成年後見人の選任) B+

未成年後見が開始すると、未成年後見人が選任されうる。

まず、未成年者に対して最後に親権を行う者は、遺言により、未成年後見人を指定することができる（839条1項本文）。ただし、実務では、遺言によって未成年後見人が指定される例はほとんどない。

遺言による指定がないときは、未成年者本人またはその親族その他の利害関係人の申立てにより、家庭裁判所が未成年後見人を選任する（840条1項前段、841条）。また、児童相談所長もかかる申立てをすることができる（児童福祉法33条の8）。

> 　未成年後見の開始と、未成年後見人の選任とは、その要件ないしタイミングが異なる点に注意が必要です。
> 　すなわち、①未成年後見自体は、**1**で述べた開始原因があれば当然に開始します。未成年後見を開始する旨の家庭裁判所の審判などは不要なわけです。しかし、②**未成年後見が開始したとしても、遺言による指定がない限り、当然には未成年後見人は選任されません**。未成年後見人を指定する遺言がなく、かつ利害関係人による未成年後見人の選任の申立てもない場合は、いつまで経っても未成年後見人は選任されません。そのような場合は、未成年後見という制度は、何ら具体的な効果を伴わずに、いわば抽象的に開始しているにとどまるわけです。

未成年後見人は、複数選任することもできる（840条2項）。複数選任された場合は、共同親権の場合と同じく、未成年後見人の権限は共同行使が原則となる（857条の2第1項）。

また、法人を未成年後見人に選任することもできる（840条3項かっこ書）。

3　未成年後見人の欠格事由) B

以下の者は、未成年後見人となることはできない（847条）。

①未成年者（1号）
②家庭裁判所で免ぜられた法定代理人、保佐人または補助人（2号）
③破産者（3号）
④被後見人に対して訴訟をし、またはした者、並びにその配偶者および直系
　血族（4号）

⑤行方の知れない者（5 号）

　これらのうち、②の「家庭裁判所で免ぜられた」とは、家庭裁判所によって解任されたという意味である。したがって、たとえば後見人・保佐人・補助人を解任された者（846 条、876 条の 2 第 2 項、876 条の 7 第 2 項）や、親権を喪失した者（834 条）、親権が停止となった者（834 条の 2）、管理権を喪失した者（835条）などが、②の者の例である。

4　未成年後見人の権限　B⁺

　未成年後見人は、親権者と同じく、①身上監護権（857 条）と②代理権を含む財産管理権（859 条）を有する。
　ただし、財産管理権を有しない（＝身上監護権のみ有する）親権者がいる場合は、身上監護は親権者が行うことになるため、未成年後見人は財産管理権のみを有する（868 条）。

ア　身上監護権

　未成年後見人は、親権者と同様に、未成年被後見人の監護・教育（820 条）、居所の決定（822 条）、職業許可（823 条）などを行う。
　なお、未成年後見人は、責任無能力者の監督義務者等の責任（714 条）における法定の監督義務者にあたる。この点は、債権各論で学んだとおりである（➡ 債権各論 229 ページ（ア））。

イ　財産管理権

　未成年後見人は、選任された後、遅滞なく未成年者の財産を調査し、原則として 1 か月以内に調査を終え、財産の目録を作成しなければならない（853 条）。
　未成年後見人は、親権者と同様に、未成年者の財産上の法律行為についての代理権（859 条 1 項）を有する。すなわち、未成年後見人は、未成年者の法定代理人にあたる。
　ただし、利益相反行為については、未成年後見監督人（➡ 次ページ **5**）がある場合を除き、特別代理人の選任を家庭裁判所に請求しなければならない（860条本文・826 条）。

したがって、未成年後見監督人がある場合はその者が、ないときは家庭裁判所によって選任された特別代理人が、利益相反行為について未成年者を代理したり未成年者の法律行為に同意したりすることになります。

　利益相反行為に該当するか否かの判断は、親権者の場合と同じく、外形説によるべきである。

　未成年後見人が利益相反行為について自ら代理した場合は、その行為は無権代理行為となる（108条2項本文）。また、利益相反行為について同意を与えた場合は、かかる同意は無効であり、子による行為は原則どおり取消しの対象となる（5条2項）。

ウ　善管注意義務

　未成年後見人は、未成年被後見人に対して善管注意義務を負う（869条・644条）。

　親権者が自己の財産のためにするのと同一の注意義務を負うにとどまるのに対し（➡69ページ**ア**）、未成年後見人が善管注意義務という重い義務を負っているのは、親権者とは異なり、未成年後見人には未成年者に対する自然の愛情を期待することができないからである。両者の違いをしっかりと覚えておこう。

エ　親権代行

　未成年被後見人に子（未成年被後見人の子である以上、当該子も当然に未成年者である）がいる場合は、未成年後見人が未成年被後見人に代わってその子について親権を行う（867条）。

5　未成年後見監督人　Ｂ

　未成年後見監督人とは、未成年後見人の事務の監督等を職務とする機関をいう（851条）。

　未成年後見監督人は、①親権者の遺言がある場合はその遺言によって指定される（848条）。②親権者の遺言がない場合は、未成年被後見人、その親族、未成年後見人の請求により、または職権で、家庭裁判所によって選任される（849条）。親権者の遺言がある場合を除き、必ず未成年後見監督人が選任されると

は限らない点に注意しよう。

　なお、未成年後見人の配偶者、直系血族および兄弟姉妹は、未成年後見監督人になることはできない（850条）。これは、未成年後見監督人の職務の実効性を確保するための制限である。

> 　実務では、未成年被後見人の親族が未成年後見人に選任されることが多いのですが、その未成年後見人が未成年被後見人の財産を横領するというきわめて残念な事例がしばしば見られます。そのため、未成年被後見人の親族が未成年後見人に選任された場合には、850条にあげられた親族以外の親族や弁護士などが未成年後見監督人に選任されるというケースが多いようです。

2. 成年後見

1　成年後見の開始　Ａ

　民法総則で学んだとおり、成年後見は、①精神上の障害により事理を弁識する能力を欠く常況にある者について、②請求権者の請求（請求権者は、本人、配偶者、4親等内の親族、未成年後見人、未成年後見監督人、保佐人、保佐監督人、補助人、補助監督人、検察官である。本人と検察官が含まれる点に注意を要する）により、③家庭裁判所が後見開始の審判をすることによって開始する（7条）。

　後見開始の審判がなされると、その旨が法務局の後見登記等ファイルに記録される（後見登記等に関する法律4条1項）。

2　成年後見人の選任　Ａ

　家庭裁判所は、後見開始の審判をする際に、職権で必ず成年後見人を選任する（843条1項）。

　未成年後見との違い（未成年後見が開始したとしても未成年後見人が選任されるとは限らない➡80ページ**2**）に注意しよう。

　家庭裁判所は、複数の成年後見人を選任することもできる（843条3項）。

複数の成年後見人が選任された場合は、家庭裁判所は、職権で、複数の成年後見人が共同して、または事務を分掌して、その権限を行使すべきことを定めることができる（859条の2第1項）。この定めがない場合は、各成年後見人はそれぞれ完全な権限を有する。

また、法人を成年後見人に選任することもできる（843条4項かっこ書参照）。

3 成年後見人の欠格事由) B

成年後見人の欠格事由は、未成年後見人の欠格事由（➡80ページ **3**）と同様である（847条）。

4 成年後見人の職務) A

成年後見人の職務は、療養看護と財産管理・代理である（858条、859条）。

ア 療養看護

858条のいう「療養看護」とは、介護や看病などに必要な法律行為をいう。

たとえば、成年被後見人を代理して老人養護施設や病院と契約を締結する行為が、その例である。

> 誤解が生じてしまいがちなのですが、858条の「療養看護」は、成年被後見人の介護や看病、日々の生活の監督などといった事実行為を指しているのではありません。成年後見人の職務は、自らこれらの事実行為を行うことなのではなく、**介護や看病などに必要な法律行為を行うこと**なのです。このことは、しばしば弁護士が成年後見人に選任されることからも、イメージできるのではないかと思います。しっかりと理解しておきましょう。

イ 財産管理・代理

成年後見人による財産管理や代理については、未成年後見人とほぼ同様である。

すなわち、成年後見人は、選任された後、遅滞なく成年被後見人の財産を調査し、原則として1か月以内に調査を終え、財産の目録を作成しなければならない（853条）。

成年後見人は、成年被後見人の財産上の法律行為について、成年被後見人を包括的に代理する（859条1項）。すなわち、成年後見人は、成年被後見人の

法定代理人である。

ただし、利益相反行為については、成年後見監督人（➡ 86ページ **5**）がある場合を除き、特別代理人の選任を家庭裁判所に請求しなければならない（860条本文・826条）。

以上に対し、次の3点については、成年後見人は未成年後見人と異なる。

まず、①成年後見人による成年被後見人の行為に対する同意は認められない（➡ 民法総則 ［第3版］72ページ下のコラム）。

また、②成年後見人が、成年被後見人の居住の用に供する建物や敷地について、売却、賃貸、賃貸借の解除または抵当権の設定その他これらに準ずる処分をするには、家庭裁判所の許可を得なければならない（859条の3）。これらの処分は、成年被後見人の生活に重大な影響を生じさせる可能性があるからである（➡ 民法総則 ［第3版］74ページ（**イ**））。

さらに、③成年被後見人が死亡した場合において、必要があるときは、成年被後見人の相続人の意思に反することが明らかなときを除き、相続人が相続財産を管理することができるに至るまで、成年後見人は次の行為をすることができる。ただし、iiiについては、家庭裁判所の許可が必要である（873条の2）。

  i　相続財産に属する特定の財産の保存に必要な行為（1号）
  ii　相続財産に属する債務（弁済期が到来しているものに限る）の弁済（2号）
  iii　死体の火葬または埋葬に関する契約の締結その他相続財産の保存に必要な行為（3号）

ウ　身上配慮義務

成年後見人がその職務を行うにあたっては、成年被後見人の意思を尊重し、かつ、その心身の状態および生活の状況に配慮しなければならない（858条）。この成年後見人の義務を、身上配慮義務という。

ただし、成年後見人は、未成年者の親権者や未成年後見人とは異なり、責任無能力者の監督義務者等の責任（714条）における法定の監督義務者にはあたらない。なぜなら、成年後見人の身上配慮義務を定めた858条は、成年後見人が契約などの法律行為をする際に成年被後見人の身上について配慮すべきことを成年後見人に求めるにとどまり（➡ 前ページ**ア**）、成年被後見人の行動を監督することまで求めているわけではないからである（**最判平成28・3・1百選II**

83 ➡ 債権各論 229 ページ（ア））。

エ　善管注意義務

成年後見人は、成年被後見人に対して善管注意義務を負う（869 条・644 条）。

5　成年後見監督人 ）　**B**

家庭裁判所は、必要があると認めるときは、成年被後見人、その親族、成年後見人の請求により、または職権で、成年後見監督人を選任することができる（849 条）。

成年後見人の配偶者、直系血族および兄弟姉妹は、成年後見監督人になることはできない（850 条）。

成年後見監督人は、成年後見人の事務の監督などを行う（851 条）。

> 実務では、①親族が成年後見人に選任される場合は、弁護士や司法書士を成年後見監督人に選任し、②弁護士や司法書士のような非親族が成年後見人に選任される場合は、親族を成年後見監督人に選任することが多いようです。

	親権者	未成年後見人	成年後見人
指定・選任	—	最後に親権を行う者が遺言により指定 or 利害関係人の請求により家裁が選任 ※未成年後見が開始しても選任されるとは限らない	後見開始の審判をする際に職権で家裁が選任 ※成年後見が開始すれば必ず選任される
権限・職務	親権（身上監護権と財産管理権）	身上監護権と財産管理権 ※「親権」とはいわないので注意	療養看護と財産管理 ただし同意権なし 生活に重大な影響を生じさせる行為の代理につき家裁の許可が必要
法定の監督義務者(714)への該当性	該当する	該当する	該当しない
注意義務	自己の財産のためにするのと同一の注意義務	善管注意義務	善管注意義務
監督者	—	未成年後見監督人	成年後見監督人

3. 保佐・補助

1 保佐・補助の開始) A

保佐は、精神上の障害により事理を弁識する能力が著しく不十分である者について、請求権者の請求により、家庭裁判所が保佐開始の審判をすることによって開始する（11条）。

補助は、精神上の障害により事理を弁識する能力が不十分である者について、請求権者の請求により、家庭裁判所が補助開始の審判をすることによって開始する（15条1項）。

保佐開始の審判や補助開始の審判がなされると、その旨が法務局の後見登記等ファイルに記録される（後見登記等に関する法律4条1項）。

2 保佐人・補助人の選任と欠格事由) B

家庭裁判所は、保佐開始の審判をする際に、職権で必ず保佐人を選任する（876条の2第1項）。

補助開始の審判をする際も、職権で必ず補助人を選任する（876条の7第1項）。

保佐人や補助人の欠格事由については、未成年後見人や成年後見人の欠格事由（847条 ➡ 80ページ **3**、84ページ **3**）と同様である（876条の2第2項、876条の7第2項）。

3 保佐人の職務) A

保佐人の職務ないし権限については、民法総則で詳しく学んだが、ここでも再度確認しておこう。

ア 同意権

保佐人は、13条1項各号に列挙された被保佐人の行為について、日用品の購入その他日常生活に関する行為を除き、同意権を有する（13条1項柱書・9条

ただし書）。

　また、13条1項各号に列挙された行為以外の行為であっても、家庭裁判所は、一定の請求権者の請求により、保佐人の同意を要する旨の審判をすることができる（13条2項本文）。この保佐人の同意を要する旨の審判があると、その対象となった行為についても同意権を有することになる。

　ただし、保佐人が同意権を有する行為について、保佐人が被保佐人の利益を害するおそれがないにもかかわらず同意をしないときは、家庭裁判所は、被保佐人の請求により、保佐人の同意に代わる許可を与えることができる（13条3項）。

イ　取消権

　保佐人の同意も家庭裁判所の許可もないにもかかわらず、被保佐人が保佐人に同意権がある行為を行った場合、保佐人および被保佐人は、その行為を取り消すことができる（13条4項、120条1項）。

ウ　代理権

　保佐人は、未成年後見人や成年後見人とは異なり、当然には代理権を有しない。

　しかし、家庭裁判所は、一定の請求権者の請求により、特定の法律行為について保佐人に代理権を付与する旨の審判をすることができる（876条の4第1項）。

　この代理権を付与する旨の審判があると、その対象となった特定の法律行為について、保佐人は代理権を有することになる。

　なお、利益相反行為については、特別代理人ではなく、臨時保佐人が選任される（876条の2第3項）。

エ　その他の職務

　その他、保佐人の職務については、成年後見の規定の多くが準用される（876条の2第2項、876条の5）。

4　補助人の職務 A

　補助人の職務についても、民法総則で詳しく学んだが、ここで再度確認して

おこう。

ア　同意権

　補助人は、保佐人と異なり、当然には同意権を有しない。

　しかし、家庭裁判所は、一定の請求権者の請求によって、被補助人が特定の法律行為をするにはその補助人の同意を要する旨の審判をすることができる（17条1項）。

　この審判があると、その対象となった特定の法律行為について、補助人は同意権を有することになる。

イ　取消権

　そして、かかる同意を要する旨の審判の対象となった特定の法律行為について、補助人の同意や同意に代わる家庭裁判所の許可（17条3項）がないにもかかわらず、被補助人がかかる行為を行った場合は、補助人および被補助人は、その行為を取り消すことができる（17条4項、120条1項）。

ウ　代理権

　補助人は、当然には代理権を有しない。

　しかし、家庭裁判所は、一定の請求権者の請求により、被補助人のために特定の法律行為について補助人に代理権を付与する旨の審判をすることができる（876条の9第1項）。

　この審判があると、その対象となった特定の法律行為について、補助人は代理権を有することになる。

　なお、利益相反行為については、特別代理人ではなく、臨時補助人が選任される（876条の7第3項）。

エ　補助に関する各審判の関係

　補助開始の審判と、同意を要する旨の審判、代理権を付与する旨の審判とは、それぞれ別個の審判である。

　しかし、補助開始の審判は、①特定の法律行為について同意を要する旨の審判か、②特定の法律行為について代理権を付与する旨の審判の、いずれかとと

もにしなければならない（15条3項）。

したがって、補助人は、少なくとも特定の法律行為についての同意権か、特定の法律行為についての代理権の、いずれか一方は必ず有していることになる（もちろん、同意権と代理権の両方を有していることもある）わけである。

オ　その他の職務

その他、補助人の職務については、成年後見の規定の多くが準用される（876条の7第2項、876条の10）。

5　保佐監督人・補助監督人　**B**

家庭裁判所は、必要があると認めるときは、被保佐人、その親族、保佐人の請求により、または職権で、保佐監督人を選任することができる（876条の3第1項）。

同様に、家庭裁判所は、必要があると認めるときは、被補助人、その親族、補助人の請求により、または職権で、補助監督人を選任することができる（876条の8第1項）。

4. 任意後見契約制度　**B⁻**

最後に、任意後見契約制度の概要についても説明しておく。

任意後見契約とは、委任者が、精神上の障害により事理を弁識する能力が不十分な状況になった場合に備えて、あらかじめ、受任者に対し、精神上の障害により事理を弁識する能力が不十分な状況における自己の生活、療養看護、財産の管理に関する事務の全部または一部を委託し、かつ、その委託にかかる事務についての代理権を付与する委任契約をいう（任意後見契約に関する法律2条1号）。

この任意後見契約は、家庭裁判所による任意後見監督人の選任を停止条件として効力を生ずる。

任意後見契約の締結には、公正証書の作成が必要である（任意後見契約に関する法律3条）。

　任意後見契約は、公証人の嘱託により、法務局の後見登記等ファイルに記録される（後見登記等に関する法律5条）。

扶養

1. 意義　B

　扶養とは、自らの資産や労力だけでは生活を維持できない者に対する援助を
いう。

2. 扶養義務者　B+

　誰が誰に対して扶養義務を負うのかについては、次のように定められてい
る。
　まず、①直系血族および兄弟姉妹は、相互に扶養義務を負う（877条1項）。
このことは覚えておこう。
　また、②特別の事情がある場合は、家庭裁判所は、これ以外の3親等内の親
族にも扶養義務を負わせることができる（877条2項）。たとえば、叔父にその
姪（3親等の傍系血族）を扶養する義務を負わせたり、夫にその妻の親や妻の連
れ子（ともに1親等の姻族）を扶養する義務を負わせたりすることもできるわけ
である。
　以上に加えて、③夫婦は、同居・協力・扶助義務（752条）および婚姻費用
分担義務（760条）に基づき、相互に扶養義務を負う。

3. 扶養義務の内容

扶養義務者が負う扶養義務の内容については、生活保持義務と生活扶助義務に分けるのが通説である。

1 生活保持義務 `B+`

まず、親の未成熟子に対する扶養や、夫婦間の扶養については、自己の生活を切り下げてでも自己と同程度の生活をさせる義務があると解されている。

この扶養義務を、生活保持義務という。

2 生活扶助義務 `B+`

これに対し、老親と子の間、祖父母と孫の間、兄弟姉妹間および877条2項のいう3親等内の親族間の扶養については、扶養義務者は自己の身分相応の生活を犠牲にすることなくできる程度の扶養をすればよいと解されている。

この扶養義務を、生活扶助義務という。

4. 扶養の順序・程度・方法

1 扶養の順序 `B-`

扶養義務者が複数いる場合は、扶養をすべき者の順序は、当事者間の協議によって定めることができる。当事者間の協議が調わないときや、協議をすることができないときは、家庭裁判所がこれを定める（878条前段）。

扶養を受ける権利のある者（扶養権利者）が複数いる場合において、扶養義務者の資力が扶養権利者の全員を扶養するのに足りないときの扶養を受けるべき者の順序についても、同様である（878条後段）。

扶養の程度や方法は、当事者間の協議によって定めることができる。

扶養の方法としては、毎月定期金のかたちで扶養料を支払うという金銭給付の方法をとることが多い。

扶養の程度や方法について、当事者間の協議が調わないときや、協議をすることができないときは、扶養権利者の需要、扶養義務者の資力その他一切の事情を考慮して、家庭裁判所がこれを定める（879条）。

5. 扶養請求権の一身専属性 B+

扶養請求権は、一定の身分関係に基づく権利であり、また、生活困窮者の生活を維持するための権利である。

そのため、扶養請求権は、帰属上も行使上も一身専属権たる性質を有する。

具体的には、①譲渡や質入れ、相殺、債権者代位などの処分は禁止されており（881条）、②差押えも一定の範囲で禁止されている（民事執行法152条1項柱書、1号）。また、③扶養請求権は相続の対象とはならない（896条ただし書）。

ただし、すでに弁済期が到来した具体的な扶養料請求権は、単なる金銭債権であるから、処分することができ、相続の対象にもなると解されている（通説）。

6. 過去の扶養料の請求等 B

夫婦間では、過去にさかのぼっての扶養料（婚姻費用）の請求が可能である（最大決昭和40・6・30民集19-4-1114）。

また、親族間でも、過去にさかのぼっての扶養料の請求を認める見解が有力

である。

　扶養義務者が複数いる場合に、現実に要扶養者を扶養した扶養義務者は、他の扶養義務者に対して求償することができると解されている。

　判例も、母と長男が不仲であったところ、長女がその母を引き取り扶養した事案において、「情の深い者が常に損をすることになる」のを回避するべく、長女から長男に対する扶養料の半額の請求を認めている（最判昭和26・2・13民集5－3–47）。

相続法

　民法第5編に定められている相続法は、死亡した者（被相続人）の有していた財産を、一定の者に承継させる法的ルールないしシステムを定めたパートである。

　以下、説明していこう。

第 1 章

相続法総論

---

1. 遺言　A

　ある者が死亡した場合、その者が生前有していた財産は、その者の死後、どうなるのだろうか。

　まず、①死亡した者が遺言というかたちでその意思を表示していた場合は、原則としてその遺言によって死亡した者の財産が承継される。すなわち、原則として死亡した者の意思に従って、死亡した者の財産の帰属が決まるわけである。

　以上の遺言による財産の承継が、死後の財産承継の原則である。

> **【遺贈と受遺者】**
> 　遺言の内容となりうる事項は多岐にわたりますが、代表的なものとして遺贈があります。
> 　**遺贈**とは、被相続人（死亡した者）が遺言によって他人に自己の財産を与える処分行為をいいます（964条）。たとえば、「遺産のうち1000万円を友人Fに譲る」との遺言が、遺贈の例です。
> 　また、遺贈によって財産を与えられた者を、**受遺者**といいます。
> 　相続法を学ぶ前提として、これらの用語は今から覚えておきましょう。

---

2. 法定相続　A

もっとも、常に死亡した者の遺言があるとは限らない。

そこで、②遺言がない場合は、民法が定めるルールによって、一定の者（相続人）が死亡した者の財産を承継することになる。これを法定相続という。

このように、法定相続は、遺言がない場合に補充的に機能するにとどまる（最大決平成25・9・4百選Ⅲ59）。

3. 遺留分 　　　　　　　　　　　　　　Ａ

以上のように、遺言による財産承継が原則であり、法定相続のルールとは異なる内容の遺言も有効である。

ただし、この遺言の自由の原則には、重大な制限がある。

すなわち、一定の相続人には、遺留分という利益が認められている。遺留分とは、現時点では、一定の相続人に認められる最低限の取り分のことだと思っておいてほしい。

そして、遺言の内容が相続人の遺留分を侵害しているような場合は、遺留分を侵害された相続人は、遺留分侵害額請求権という権利を取得する。

そして、この遺留分侵害額請求権が行使されると、遺贈により財産を譲り受けた受遺者や、死亡した者から生前贈与を受けていた受贈者は、法の定める額の金銭を支払わなければならないことになるのである。

　　たとえば、Xが死亡し、子A・Bが相続人となったとします。Xの全遺産は2000万円の現金だったとしましょう。
　　この場合、法定相続のルールによれば、原則としてA・Bはそれぞれ1000万円ずつ取得することになります。
　　しかし、Xが「遺産のうち600万円を友人Fに譲る」との遺言を残していた場合は、その遺言（遺贈）が優先され、Fが600万円を取得し、A・Bはそれぞれ700万円ずつ取得するにとどまります。このように、法定相続のルールよりも、遺言が優先されるのです。
　　もっとも、Xが「遺産のすべてを友人Fに譲る」との遺言を残していた場合は、話が少し変わってきます。確かに、Xの遺言は有効です。したがって、Fは遺産である2000万円のすべてを受け取ることができ、A・Bは相続によっては1円も取得できないということになります。しかし、かかる遺言はA・Bの遺留分（計算方法は後に学びますが、この事案におけるA・Bの遺留分の額はそれぞれ500万円です）を侵害していることから、A・BはFに対して遺留分侵害額請求権を行使することができます。そして、A・Bがその遺留分侵害請求権を

行使すると、A・Bは、それぞれFに対して500万円の支払いを請求する権利を取得することになるのです。

　遺留分については、後に詳しく学びます。現時点では、①遺言が原則であり、法定相続のルールは補充的なものにとどまること、および②遺言には遺留分という制限があるということを、しっかりと覚えておきましょう。

【死亡した者の財産の承継】

①原則：遺言　　eg. 遺贈（遺贈を受けた者は受遺者）
　　　　　┗→ただし、遺留分による制限あり
②補充：法定相続

4. 本書の構成　　A

　以下では、学習効率の観点から、まずは法定相続について説明し（➡第2章）、その後に遺言および遺言の自由に対する制限である遺留分について説明する（➡第3章）。

法定相続

　ここからは、しばらくの間、法定相続（以下、単に「相続」と表記する）について説明する。

1. 相続の開始　Ⓐ

　相続は、被相続人の死亡によって開始する（882条）。

　被相続人とは、相続される人（つまり死亡した人）のことをいう。

　この相続の開始原因たる「死亡」には、失踪宣告や認定死亡も含まれる（➡民法総則［第3版］86ページ **6.**、同94ページ **5**）。

2. 同時存在の原則　Ⓐ

　かかる相続の基本原則として、同時存在の原則がある。

　同時存在の原則とは、被相続人の財産が相続によって相続人に移転するためには、相続開始の時点（＝被相続人が死亡した時点）で相続人が存在していなければならないという原則をいう。しっかりと覚えておこう。

　したがって、たとえばXが死亡したところ、その子であるAがXよりも先に死亡していた場合は、AがXの財産を相続することはない。

　また、Xとその子であるAが同時に死亡した場合も、AがXの財産を相続

することはなく、XがAの財産を相続することもない。

なお、数人の者が死亡した場合において、そのうちの1人が他の者の死亡後に生存していたことが明らかでないときは、これらの者は、同時に死亡したものと推定される（32条の2）。この同時死亡の推定については、民法総則ですでに学んだとおりである（➡民法総則［第3版］95ページ **7.**）。

3. 相続人の範囲

では、ある者が死亡して相続が開始した場合に、誰が相続人となるのだろうか。

1 相続人の種類と範囲　A⁺

相続人とは、被相続人の相続財産を包括承継することができる一般的資格をもつ者をいう。

民法は、この相続人の種類と範囲を画一的に定めている。被相続人の意思によって相続人を創造することは認められていない。

民法が定める相続人を、法定相続人という。

この法定相続人には、大別して、①被相続人の配偶者（配偶者相続人）と、②被相続人の配偶者以外の相続人（血族相続人）がいる。以下、説明していこう。

ア　配偶者

まず、被相続人に配偶者がいる場合、当該配偶者は常に相続人となる（890条前段）。

内縁配偶者は相続人とならない点に注意しよう。

イ　配偶者以外の相続人

次に、配偶者以外の相続人については、順位がある。

すなわち、最優先順位の者だけが配偶者以外の相続人となることができ、その者よりも後順位の者は相続することができないわけである。

なお、同順位の相続人が複数いる場合は、それらの者は共同相続人となる。

また、被相続人に配偶者と配偶者以外の相続人がそれぞれいる場合は、配偶者と配偶者以外の相続人は、共同相続人となる（890条後段）。

（ア）第1順位──子とその代襲者

a　子

配偶者以外の相続人の中で、第1順位の相続人は、被相続人の子である（887条1項）。

被相続人の子は、相続の開始の時点で出生している必要はない。すなわち、相続の開始の時点で胎児だった者も、被相続人の子として相続人となる（886条1項。ただし生きて生まれたことが必要である。➡民法総則［第3版］61ページ**ウ**）。

b　代襲者

被相続人の子が、①相続の開始以前に死亡している場合、②相続欠格にあたる場合（➡106ページ**2**）、③廃除された場合（➡108ページ**3**）は、被相続人の子の子（被相続人の孫）が、被相続人の子に代わって相続人となる（887条2項本文）。

この場合の被相続人の子の子を代襲者といい、代襲者による相続を代襲相続という。

また、被相続人の子については、どこまでも代襲相続が認められる。

たとえば、相続の開始以前に、被相続人の子と被相続人の子の子（被相続人の孫）がすでに死亡している場合は、被相続人の子の子の子（被相続人の曾孫）が代わって相続人となる（887条3項）。この場合の相続を、再代襲相続という。

さらに、被相続人の子の子の子もすでに死亡している場合は、被相続人の子

の子の子の子（被相続人の玄孫）が代わって相続人となる。この場合の相続を、再々代襲相続という。

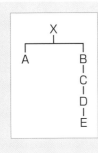

たとえば、配偶者のいないXが死亡し、その子であるAとBがいる場合、相続人はAとBです。また、Xの死亡以前にBがすでに死亡していたけれども、Bに子C（Xの孫）がいる場合は、AとCが共同相続人となります（Cにつき代襲相続）。

Xの死亡以前にBもCもすでに死亡していたけれども、Cに子D（Xの曾孫）がいる場合は、AとDが共同相続人となります（Dにつき再代襲相続）。

さらに、Xの死亡以前にBもCもDもすでに死亡していたけれども、Dに子E（Xにとっての玄孫）がいる場合は、AとEが共同相続人となります（Eにつき再々代襲相続）。

ただし、被相続人の直系卑属でない者には、代襲相続は生じない（887条2項ただし書）。

この条文はわかりづらいが、たとえば、Xを養親としAを養子とするX・A間の養子縁組前に生まれていたAの子Bは、Xの直系卑属ではない（➡58ページ**イ**）。したがって、Xの相続開始以前にすでに養子Aが死亡していた場合、BがAに代わって相続人となることはない、という意味である。

以上に対し、BがX・A間の養子縁組後に生まれた子である場合は、BはXの直系卑属であるため（➡58ページ**イ**）、代襲相続が生じることになる。

（イ）第2順位——直系尊属

第2順位の相続人は、被相続人の直系尊属である（889条1項1号本文）。

直系尊属が複数いる場合は、被相続人に近い世代（親等）の者が優先される（889条1項1号ただし書）。

なお、直系尊属には代襲相続を認める条項がないため、代襲相続は認められない。これは覚えておこう。

たとえば、死亡したXに子や代襲者はいないけれども、父甲と母乙がいる場合は、最も近い世代の直系尊属である甲と乙が共同相続人となります。また、Xの死亡以前に甲も乙もすでに死亡していたけれども、甲の父（Xの祖父）である丙がいる場合は、丙が相続人となります。

これに対し、Xの死亡以前に甲がすでに死亡していた場合は、乙のみが相続人となります。この場合に乙と丙が共同相続人となることはありません。

（ウ）第3順位——兄弟姉妹とその子

第3順位の相続人は、被相続人の兄弟姉妹である（889条1項2号）。

また、兄弟姉妹には、代襲相続が認められる。すなわち、被相続人の兄弟姉妹が、①相続の開始以前にすでに死亡している場合、②相続人の欠格事由にあたる場合（➡下記**2**）、③廃除された場合（➡108ページ**3**）は、その者の子（被相続人の甥・姪）が代わって相続人となる（889条2項・887条2項）。

ただし、子の場合とは異なり、再代襲相続は認められない。子の直系卑属の再代襲相続を定める887条3項を、889条2項は準用していないからである。この点はしっかりと覚えておこう。

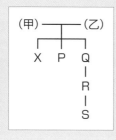

たとえば、死亡したXに配偶者や子（および子の代襲者）はおらず、かつ直系尊属も全員Xの死亡以前に死亡しているけれども、兄弟姉妹であるPとQがいる場合、PとQがXの共同相続人となります。PとQのうち、Xの死亡以前にQが死亡していたけれども、Qの子Rがいる場合は、PとRが共同相続人となります（Rにつき代襲相続）。

これに対し、Xの死亡以前にQとRが死亡していたけれども、Rの子Sがいる場合は、Sは相続人とはなりません。兄弟姉妹の場合の代襲相続は一代限りで認められるにとどまるからです。したがって、この場合はPのみが相続人となります。

ウ　配偶者相続人と配偶者以外の相続人の関係

すでに述べたとおり、被相続人に配偶者と配偶者以外の相続人がそれぞれいる場合は、配偶者と配偶者以外の相続人は、共同相続人となる（890条後段➡104ページ**イ**）。

また、被相続人に配偶者がおらず、配偶者以外の相続人だけがいる場合は、当然、配偶者以外の相続人のみが相続人となる（その者が1人なら単独相続、複数いるなら共同相続となる）。

2　相続欠格) B⁺

以上の**1**の各規定によって相続人とされている者（法定相続人）であっても、個別具体的な相続事件において、実際に相続人となるとは限らない。

なぜなら、民法には、①相続人の相続権をはく奪する制度である相続欠格や廃除が定められているし、また、②相続放棄の制度も定められているからであ

る。

これらのうち、ここでは相続欠格について説明する（廃除については次ページ**3**、相続放棄については110ページ**1**および115ページ**4**で説明する）。

ア　意義

相続欠格とは、相続制度の基礎を破壊するような重大な非行をした者について、民事上の制裁として、その者の相続権（相続資格）を法律上当然にはく奪する制度をいう。

イ　要件──欠格事由　➡論証9

相続欠格の事由は、次の5つに限られる（891条各号）。

①故意に被相続人または先順位もしくは同順位にある相続人を死亡するに至らせまたは至らせようとしたために刑に処せられた者（1号）

②被相続人の殺害されたことを知って告発・告訴しなかった者（2号）

③詐欺・強迫によって相続に関する被相続人の遺言の作成・撤回・取消し・変更を妨げた者（3号）

④詐欺・強迫によって被相続人に相続に関する遺言の作成・撤回・取消し・変更をさせた者（4号）

⑤相続に関する被相続人の遺言書を偽造・変造・破棄・隠匿した者（5号）

以上の欠格事由のうち、少なくとも③から⑤については、その行為についての故意に加えて、その行為によって被相続人の相続で不当に利益を得る意思を有していたことが必要とするのが通説である（二重の故意説）。かかる意思があって、はじめて民事上の制裁に値するといえるから、というのがその理由である。

以下の2つの判例も、891条5号について、通説と同様の見解にたっている。

すなわち、①被相続人の作成した遺言が方式の不備により無効だったところ、相続人が方式を具備させて有効な遺言書たる外形を作出した事案において、かかる行為は遺言書の偽造・変造行為にあたるとしつつ、相続人が被相続人の意思を実現させるためにかかる行為をしたにすぎないときは、891条5号にいう相続欠格者にあたらないとしている（最判昭和56・4・3民集35-3-431）。

また、②相続人が遺言書を破棄・隠匿した事案において、かかる行為が相続に関して不当な利益を目的とするものでなかったときは、891条5号にいう相続欠格者にあたらないとしている（最判平成9・1・28百選Ⅲ54）。

ウ　効果

相続欠格の効果は、①相続権（相続資格）の喪失（891条柱書）と、②遺贈を受ける資格の喪失（965条・891条 ➡ 187ページ（イ））である。しっかりと覚えておこう。

そして、これらの効果は、上記**ア**の欠格事由があれば、法律上当然に発生する。次に学ぶ廃除とは異なり、相続欠格の効果が生じるためには家庭裁判所の審判等は不要なわけである。

3　相続人の廃除　B+

ア　意義

以上の相続欠格の事由が認められない場合であっても、家庭裁判所の審判によって、ある相続人の相続権（相続資格）がはく奪される場合がある。

この制度を、相続人の廃除という。

イ　要件

相続人の廃除の要件は、①その者が遺留分を有する推定相続人であること、②廃除事由があること、③家庭裁判所への請求と家庭裁判所による審判である（892条）。

以下、各要件を説明する。

（ア）その者が遺留分を有する推定相続人であること

推定相続人とは、相続が開始した場合に相続人となるべき者をいう（892条かっこ書）。つまり、未だ被相続人は死亡しておらず、相続は開始していないけれども、将来被相続人が死亡して相続が開始した場合には相続人となるはずの者をいうわけである。たとえば、生存しているXの配偶者Yや子Aは、Xの推定相続人にあたる。

廃除の対象となる者は、かかる推定相続人のうち、遺留分を有する者に限られる（892条）。

遺留分を有する者に限られているのは、遺留分を有しない推定相続人に対して相続による利益を与えたくない場合は、被相続人は、生前贈与や遺贈などによって自らの財産を処分してしまえば足りるため、遺留分を有しない推定相続人をあえて廃除の対象とする必要はないからである。

> たとえば、Xが、Xのことを虐待し続けてきた子Aに自分の遺産を相続させたくないと考えたとします。この場合、Xが生前贈与や遺贈などによって全財産を他の人に与えたとしても、子Aは、相続による利益を受けることができます。子Aには遺留分があることから（1042条1項柱書）、Xの死後、Aは受贈者や受遺者に対して遺留分侵害額請求権を行使し、金銭の支払を受けることができてしまうからです。そこで、子Aのような、遺留分を有する推定相続人については、その者を廃除の対象とする必要があります。
> これに対し、被相続人の兄弟姉妹には、遺留分は認められていません（1042条1項柱書）。したがって、たとえば直系卑属も直系尊属もいないPが、兄であるQに自分の遺産を相続させたくない場合は、Pは生前贈与や遺贈などによって、全財産を他の人に与えてしまえば事足ります。兄であるQには遺留分がないため、Pの死後、Qは受贈者や受遺者などに対して遺留分侵害額請求権を行使することはできないからです。すなわち、兄Qのような、遺留分を有しない推定相続人については、その者を廃除の対象とする必要はありません。
> 以上のような理由で、廃除の対象となる者は、遺留分を有する推定相続人に限られているわけです。理解したうえで、この要件はできれば覚えておきましょう。

（イ）廃除事由があること

廃除事由は、①被相続人に対する虐待、②被相続人に対する重大な侮辱、③被相続人に対するその他の著しい非行である（892条）。

（ウ）家庭裁判所への請求と審判

廃除が認められるには、家庭裁判所への廃除の請求と、家庭裁判所による廃除の審判が必要である（892条）。相続欠格の事由があれば当然にその効果が発生する相続欠格とは異なり、廃除は、廃除事由があっても当然にはその効果は発生せず、家庭裁判所への請求と家庭裁判所による審判が必要なわけである。この点は覚えておこう。

家庭裁判所への請求権者は、被相続人が生きている間は被相続人である（892条）。また、被相続人が遺言で廃除の意思表示をした場合は、被相続人の死亡後、遺言執行者（➡ 185ページ **3**）が、遅滞なく家庭裁判所に廃除の請求をすることになる（893条前段）。

ウ　効果

被廃除者は、被相続人の請求による場合は廃除の審判が確定した時から、遺

言執行者の請求による場合は相続開始時にさかのぼって（893条後段）、相続権（相続資格）を失う。

　その一方で、被廃除者は遺贈を受ける資格は失わない（965条は892条を準用していない）。相続欠格とは異なるので注意しよう。

エ　廃除の取消し

　被相続人は、いつでも、推定相続人の廃除の取消しを家庭裁判所に請求することができる（894条1項）。

　この廃除の取消しには遡及効があり、被廃除者は最初から推定相続人であったことになる（894条2項・893条後段）。

4. 相続の承認・放棄

1　総論　Ａ

ア　相続の効果と選択の自由

　相続が開始すると、被相続人に属していた権利・義務は、被相続人の死亡時に、相続人の意思を問わず、相続人へ直ちに移転する（当然承継）。

　また、相続人は、原則として、被相続人の財産に属する一切の権利・義務を包括的に承継する（包括承継）。

　このように、相続人は、相続によって当然かつ包括的に被相続人の権利・義務を承継する。しかしながら、相続人には、かかる相続の効果をそのまま確定させるか否かについて、選択の自由が与えられている。

　すなわち、相続人は、相続を承認することによって相続の効果を確定することもできるし、相続を放棄することによって相続の効果を遡及的になかったことにすることもできる（938条、939条）。

　また、相続を承認する場合は、単純承認と限定承認のいずれかを選択することができる。

単純承認とは、相続開始によって一応生じた相続の効果を単純に確定させ、被相続人の権利・義務を全面的に承継することをいう（920条）。まさに相続を単純に承認する場合を単純承認というわけである。

限定承認とは、相続によって得た財産の限度においてのみ被相続人の債務および遺贈を弁済すべきことを留保して、相続を承認することをいう（922条）。つまり、「相続で得たプラスの財産の限度でのみ、相続で負担した債務や遺贈を弁済する」という条件付きで相続を承認する場合を、限定承認というわけである。

以上のように、相続人は、相続について①単純承認、②限定承認、③相続放棄のいずれかをすることができる。この3つはしっかりと覚えておこう。

イ　相続の承認・放棄の性質

以上の相続の承認や放棄は、被相続人との間の親族関係に基づいて生じる相続人としての地位に変動をもたらす行為であるから、身分行為（➡8ページのコラム）にあたる。

また、相続の承認や放棄は、相続財産に関する権利・義務の帰属に関する行為であるから、財産に関する法律行為にもあたる。したがって、相続人が相続の承認や放棄をするには、行為能力が必要である。

また、限定承認と放棄は、家庭裁判所への申述が必要である（924条、938条）。この申述は、申述書という書面の提出によって行わなければならない（家事事件手続法201条5項）。

ウ　相続の承認・放棄の時期——熟慮期間

相続人は、自己のために相続があったことを知った時から3か月以内に、相続を承認または放棄しなければならない（915条1項本文）。この期間のことを、熟慮期間という。しっかりと覚えておこう。

この熟慮期間を徒過した場合は、単純承認が擬制される（921条2号➡113ページ（イ））。

相続人が複数いる場合は、熟慮期間は、各相続人について別々に進行する

（最判昭和 51・7・1 家月 29−2−91）。

　熟慮期間の起算点である「自己のために相続があったことを知った時」とは、①相続開始の原因たる事実（被相続人の死亡や失踪宣告など）を知り、かつ②それによって自分が相続人となったことを知った時をいう（大決大正 15・8・3 民集 5−679）。

　ただし、熟慮期間の起算点の例外として、判例は、相続人が放棄や限定承認をしなかったのが「被相続人に相続財産が全く存在しないと信じたためであり、かつ、被相続人の生活歴、被相続人と相続人との間の交際状態その他諸般の状況からみて当該相続人に対し相続財産の有無の調査を期待することが著しく困難な事情があって、相続人においてそのように信ずるについて相当な理由があると認められる」場合には、熟慮期間は「相続人が相続財産の全部又は一部の存在を認識した時又は通常これを認識しうべき時」から起算するべきものとしている（**最判昭和 59・4・27 百選Ⅲ 81**）。

　熟慮期間は、利害関係人または検察官の請求によって、家庭裁判所において伸長することができる（915 条 1 項ただし書）。

エ　撤回・取消し

　一度した相続の承認・放棄は、熟慮期間中でもこれを撤回することはできない（919 条 1 項）。

　制限行為能力や錯誤・詐欺・強迫などを理由とする取消しは認められるが（919 条 2 項）、取消しには家庭裁判所への申述が必要である（同条 4 項）。この取消しの申述も、申述書を提出することによって行う（家事事件手続法 201 条 5 項）。

　また、この相続の承認・放棄の取消権は、追認をすることができる時から 6 か月間行使しないときは、時効によって消滅する。相続の承認・放棄の時から 10 年を経過したときも同様である（919 条 3 項）。

2　単純承認　B+

　ここから、相続の承認・放棄の各論に入る。まずは単純承認について説明する。

ア　意義

単純承認とは、相続開始によって一応生じた相続の効果を単純に確定させ、被相続人の権利・義務を全面的に承継することをいう（920条）。

単純承認には、意思表示による場合と、一定の事由が存在するために単純承認が擬制される場合（法定単純承認。921条）とがあるが、実務上、ほぼすべての単純承認は法定単純承認によるものである。

イ　法定単純承認の事由

法定単純承認の事由は、①相続財産の全部または一部の処分（921条1号）、②熟慮期間の経過（同条2号）、③背信行為（同条3号）である。

（ア）相続財産の全部または一部の処分（921条1号）

①の「処分」には、相続財産の譲渡や相続した債権の取立てなどのほか、相続財産の故意による損壊などの事実行為も含まれる。ただし、保存行為や短期賃貸借の締結（602条）は、「処分」にあたらない（921条1号ただし書）。

このような「処分」によって単純承認が擬制されるのは、「処分」をした相続人には、相続財産を自己の財産とする意思があるものと推認できるし、第三者からみても単純承認があったと信じるのが当然だからである。

したがって、「処分」といえるためには、相続人が自己のために相続が開始した事実を知りながらしたか、または、被相続人の死亡した事実を確実に予想しながらしたものでなければならない（最判昭和42・4・27民集21-3-741）。

また、「処分」は、限定承認や放棄をする前になされた行為に限られる（大判昭和5・4・26民集9-427）。通説も、限定承認や放棄をした後の行為については921条1号ではなく921条3号（➡下記（ウ））が適用されるべきであるから、という理由で、判例と同様の見解に立つ。

（イ）熟慮期間の経過（921条2号）

②の熟慮期間については、すでに説明したとおりである（➡111ページ**ウ**）。

（ウ）背信行為（921条3号）

限定承認や相続放棄をした後であっても、③相続人が法の定める背信行為をしたとき、すなわち③相続人が相続財産の全部または一部を隠匿したり、⑥私に消費したり、©悪意で相続財産を財産目録に記載しなかったときは、単純承認が擬制される（921条3号本文）。

　ただし、相続放棄によって新たに相続人となった者が相続を承認した後に、相続を放棄した者がこれらの背信行為をしても、単純承認は擬制されない（921条3号ただし書）。相続の放棄によって新たに相続人となった者の相続権を保護する必要があるからである。

3　限定承認　Ｂ

ア　意義

　限定承認とは、相続によって得た財産の限度においてのみ被相続人の債務および遺贈を弁済すべきことを留保して、相続を承認することをいう（922条）。

イ　要件

　限定承認をするには、①熟慮期間内に（915条1項 ➡ 111ページウ）、②相続財産の目録を作成してこれを家庭裁判所に提出し、③限定承認をする旨を申述しなければならない（924条）。申述は、申述書を提出することによって行う（家事事件手続法201条5項）。

　さらに、相続人が複数いる場合は、④共同相続人の全員が共同してしなければならない（923条）。1人でも限定承認に反対の共同相続人がいる場合は、限定承認はできないわけである。

この限定承認は、相続財産が債務超過かどうか不明なために、単純承認するべきか、それとも相続を放棄するべきかを決めかねている相続人にとって、有効な選択肢となり得ます。しかし、上記のように限定承認の要件はきわめて厳格なため（特に②と④）、実務での利用はきわめて低調です。

ウ　効果

　限定承認をした相続人は、被相続人の一切の権利・義務を承継するが、相続した債務や遺贈については、被相続人の積極財産の限度でのみ弁済の責任を負う（物的有限責任）。

　被相続人の積極財産で相続した債務や遺贈を弁済しきれなかった場合、相続人は債務や遺贈の弁済を強制されない。これらの債務自体がなくなるわけではないが、これらの債務はいわゆる責任なき債務（➡ 債権総論 20 ページ**イ**）となるわけである。

　なお、単純承認が行われた場合、相続人が被相続人に対して有していた権利・義務は混同によって消滅するが（179 条、520 条）、限定承認が行われた場合は、相続人が被相続人に対して有していた権利・義務は混同によっては消滅しない（925 条）。仮に混同を認めると、相続人が他の相続債権者（被相続人に対する債権を有していた者 ➡ 171 ページ上のコラム）や受遺者よりも優先的に弁済を受けたのと同じことになり、公平に反するからである。

　限定承認後の相続財産の管理については、141 ページ**ア**を参照してほしい。

4　相続放棄　Ａ

ア　意義

　相続放棄（相続の放棄）とは、相続の開始により一応生じた相続の効果を、全面的・確定的かつ遡及的に消滅させる行為をいう（938 条、939 条）。

イ　要件

　相続放棄をするには、①熟慮期間内に（915 条 1 項 ➡ 111 ページ**ウ**）、②相続放棄をする旨を家庭裁判所に申述しなければならない（938 条）。申述は、申述書を提出することによって行う（家事事件手続法 201 条 5 項）。

　また、遺留分の放棄（1049 条 ➡ 206 ページ **6**）とは異なり、相続放棄は相続開

始後にのみ認められる（大判昭和14・6・7法学9-93）。相続開始前の相続放棄は認められないわけである。

すでに述べたとおり、相続放棄をするには行為能力が必要である（➡111ページイ）。法定代理人による相続放棄の利益相反行為への該当性については、73ページ**4**を参照してほしい。

これらの内容は、しっかりと覚えておこう。

ウ 効果

相続放棄をした者は、その相続に関して、はじめから相続人とならなかったものとみなされる（939条）。

すなわち、法定相続人は相続の開始によって当然に相続人となるところ（当然承継➡110ページア）、相続放棄をすれば、はじめから相続人ではなかったものとみなされるわけである。この相続放棄の遡及効もしっかりと覚えておこう。

> この相続放棄の遡及効は、他の遡及効、たとえば遺産分割の遡及効（909条本文）や詐欺取消しの遡及効（96条1項、121条）などとは異なり、**完全に徹底**されています。
> たとえば、相続放棄の遡及効には、909条ただし書や96条3項などのような第三者保護規定はないため、相続放棄前に出現した第三者は保護されず、相続放棄の遡及効をそのまま受けることになります。また、相続放棄後の第三者は、相続放棄によって相続財産を取得した相続人から、対抗要件の具備の有無を問わず相続財産の取得を対抗されてしまいます。これらの点は、物権法・担保物権法で学んだとおりです（➡物権法・担保物権法55ページエ）。

また、代襲相続の原因を定めた887条2項は、相続放棄を代襲相続の原因としていない。そのため、相続放棄がなされた場合、代襲相続は生じない。この点も覚えておこう。

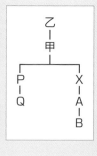

たとえば、被相続人Xに子A、孫B、父甲、父の父（祖父）乙、姉P、甥Qがいる事案で、Aが相続を放棄した場合、Aははじめから相続人ではなかったことになります（939条）。この場合、Aの子（Xの孫）Bに代襲相続は生じません（887条2項参照）。したがって、相続人は一番世代が近い直系尊属である父甲ということになります（889条1項1号）。その後、父甲も相続を放棄した場合は、その一世代上の祖父乙が相続人となります（889条1項1号➡105ページ（イ））。

その後、祖父乙も相続を放棄した場合は、姉Pが相続人となります（889条1項2号）。そして、姉Pも相続を放棄した場合は、姉Pの子（Xの甥）Qに代襲相続は生じませんから、相続人は不存在

（➡ 173 ページ **13.**）ということになります。

　なお、相続人が受遺者でもある場合に、その相続人が相続を放棄したとしても、遺贈を受ける資格は失わない。受遺者たる地位は、相続人たる地位とは別個のものだからである。

　したがって、たとえば被相続人 X の子 A に対して甲土地の遺贈がなされた事案で、A が相続を放棄したとしても、A は遺贈により甲土地を取得することができる。

　相続放棄後の相続財産の管理については、141 ページ**ア**を参照してほしい。

エ　詐害行為取消しの可否　B⁺　➡論証 10

　相続人が相続放棄をした場合、相続債権者（➡ 171 ページ上のコラム）がかかる相続放棄を詐害行為として取り消すことができるかについては、争いがある。

　判例は、相続財産が債務超過だった事案で、弁済する資力のある相続人がした相続放棄の詐害行為取消しを否定している（最判昭和 49・9・20 民集 28-6-1202）。

　思うに、①詐害行為取消しを認めると、債務の相続を強制することになり不当である。また、②債権者は本来の債務者たる被相続人の財産のみをあてにするべきであって、相続人の財産から満足を得ようという期待は保護されるべきではない。したがって、詐害行為取消しを否定する判例は妥当であろう。

5. 相続財産の範囲

　相続財産（遺産）という概念は多義的だが、ここではおよそ相続の対象となる財産をいう。

　では、具体的に、いかなる財産が相続の対象となる（＝相続財産となる）のだろうか。相続財産の範囲を説明していこう。

1 包括承継の原則 A

まず、相続人は、相続の開始時に被相続人の財産に属していた一切の権利・義務を包括承継するのが原則である（896 条本文）。

すなわち、相続の開始時に被相続人に属していた全財産（積極財産および消極財産）が相続財産となるのが原則である。

財産法で学んだとおり、①占有、②特定物の給付義務を除く無権代理人の責任（117 条）、③被害者が即死した場合の逸失利益の損害賠償請求権（709 条）、④慰謝料（710 条）などについても、相続財産にあたり、相続されるとするのが判例・通説である（➡①につき民法総則［第 3 版］318 ページ**ア（ア）**、②につき同230 ページ**イ（ウ）**、③につき債権各論 215 ページ（**イ**）、④につき同 217 ページ（**ウ**））。

2 相続財産とならない財産 B⁺

ただし、以上の包括承継の原則には、以下の例外がある。

ア 一身専属的な権利・義務

まず、被相続人の一身専属的な権利・義務は、相続の対象とならない（896条ただし書）。

たとえば、以下の各権利・義務は、その一身専属性ゆえに明文で相続の対象から除外されている。

①代理権（111 条 1 項）
②使用貸借契約の借主の使用借権（597 条 3 項）
③委任契約上の権利・義務（653 条）
④組合員の権利・義務（679 条 1 号）

> ただし、これらの権利・義務であっても、すでに発生している具体的な権利・義務（たとえば受任した事務を終えたために受任者から委任者に対してすでに発生している具体的な 100 万円の報酬債権）については、原則どおり相続の対象となります。相続の対象から除外されるのは、こうした具体的な権利・義務の源泉となる地位自体（たとえば受任者たる地位）なのです。

また、解釈上、一身専属性を理由に相続の対象から除外されるものとして、

たとえば次のものがある。

⑤雇用契約上の労働者としての権利・義務（625条）

⑥扶養の権利・義務（877条）

⑦親権（820条）

⑧請負契約による芸術作品を完成させる債務などのように、当該債務者に特有の技能に基づく非代替性を有する債務

⑨身元保証人の債務（➡債権総論192ページ**4**）

⑩公営住宅の使用権（最判平成2・10・18民集44-7-1021）

イ 祭祀に関する権利

次に、墓地・仏具・位牌などの所有権は、相続の対象とはならず、祭祀主宰者が承継する（897条）。遺骨の所有権も同様である（最判平成元・7・18家月41-10-128）。

誰が祭祀主宰者となるかは、①被相続人の指定があればその指定によって定まる（897条1項ただし書）。②被相続人の指定がなければ、慣習に従って決定される（同項本文）。③被相続人の指定がなく、かつ慣習も明らかでない場合は、家庭裁判所が定める（同条2項）。

ウ その他の相続財産とならない財産

以上に加え、相続の対象に含まれないと解されている財産として、次のものがある。

（ア）死亡保険金請求権

被相続人を被保険者とする死亡保険金請求権（生命保険金請求権）は、誰が死亡保険金の受取人に指定されているかによって、相続財産に属するか否かが異なる。

まず、①被相続人が自らをその受取人に指定していた場合は、死亡保険金請求権は相続財産に属する（通説）。

他方で、②被相続人が被相続人以外の者を受取人に指定していた場合は、死亡保険金請求権は相続財産に属さず、指定された受取人は、自らの固有の財産として死亡保険金請求権を取得する（最判昭和40・2・2民集19-1-1など）。

たとえば、Xが死亡したところ、その子の1人であるAが死亡保険金の受取人に指定されていた場合、Aは死亡保険金請求権をXから相続によって取得するのではなく、Aの固有の財産として取得します。Xの死亡により、いきなりAのもとで死亡保険金請求権が発生すると考えていくわけです。

　そして、それゆえに、②の場合の死亡保険金請求権は、持戻しの対象となる特別受益（903条）にはあたらないと解すべきことになる。この点は、特別受益の箇所で詳しく説明する（➡128ページ（キ））。

（イ）死亡退職金・遺族給付

　死亡退職金や遺族給付は、契約上あるいは法律上の地位に基づく相続人固有の権利であり、相続財産に属さない（死亡退職金につき最判昭和55・11・27民集34-6-815）。

（ウ）香典・弔慰金

　香典や弔慰金は、喪主に対する贈与であるから、相続財産に属さない（通説）。

　なお、葬儀費用については、相続財産に関する費用（885条1項）として、喪主ではなく相続財産の負担とすべきとする見解が有力である。

（エ）離婚に伴う財産分与請求権・財産分与義務

　離婚に伴う財産分与請求権や財産分与義務については、財産分与の①清算、②扶養、③慰謝料という3つの要素のうち（➡28ページイ）、①清算と③慰謝料の面は相続の対象となるものの、②扶養の面は一身専属的な権利・義務であるから相続の対象とならないとするのが通説である（➡118ページア参照）。

6. 相続分

1　意義　A

　共同相続の場合、各共同相続人には相続分が認められる。

　相続分という概念は多義的だが、重要なのは、①法定相続分、②指定相続

分、③具体的相続分である。

それぞれを詳しく説明する前に、ここで概要を説明しておこう。

ア　法定相続分

まず、各共同相続人の相続分は、原則として民法の規定によって定まる（900条、901条）。

たとえば、被相続人 X の相続人として妻 Y と子 A・B がいた場合、妻 Y の法定相続分は 2 分の 1（900 条 1 号）、子 A・B の法定相続分はそれぞれ 4 分の 1 である（900 条 1 号、4 号本文）。

このように、民法の規定によって定められた相続分を、法定相続分という。

イ　指定相続分

ただし、被相続人またはその委託を受けた第三者による相続分の指定があれば、その指定が優先される。かかる指定によって各共同相続人の相続分が定まるわけである（902 条 1 項）。

たとえば、被相続人 X が遺言によって「妻 Y の相続分は 4 分の 3 とし、子 A・B の相続分はそれぞれ 8 分の 1 とする」と指定していた場合は、その指定のとおりに各共同相続人の相続分が決まる。

このように、被相続人などの指定によって定められた相続分を、指定相続分という。

ウ　具体的相続分

さらに、共同相続人の中に、被相続人から一定の贈与や遺贈を受けた者がいる場合や、被相続人の財産の維持や増加について特別の寄与（貢献）をした者がいる場合には、これらの贈与・遺贈・寄与を考慮して各相続人の相続分の額が算定される。

この、一定の贈与・遺贈や寄与を考慮して算定される計算上の価額（またはその価額の総額に対する割合）を、具体的相続分という。

> 最後の具体的相続分の計算方法については、この後に詳しく学びます。現時点では、実際の遺産に一定の金額を足したり引いたりして算定される額や割合のことという程度にイメージしておけば十分です。

2 法定相続分 A⁺

　以上を前提として、ここからは各相続分について詳しく説明する。まずは法定相続分についてである。

　法定相続分の割合は、誰が相続人であるかによって異なる。以下の割合はしっかりと覚えておこう。

ア　配偶者と子の場合

　まず、相続人が配偶者と子が相続人の場合の法定相続分は、配偶者が2分の1、子も2分の1である（900条1号）。

　子が複数いる場合は、子全員で2分の1となり、これを子で均等に分ける（900条4号）。

　代襲相続の場合で代襲相続人が複数いる場合は、被代襲者が受けるべきであった相続分を均等に分ける（901条1項ただし書・900条4号）。

> 　たとえば、Xが死亡し、配偶者Yと子A・Bがいる場合、Yの法定相続分は1/2、A・Bの法定相続分はそれぞれ1/4（1/2×1/2）です。
> 　また、Xが死亡した当時、Bがすでに死亡しており、Bの子C・Dがいる場合は、Yの法定相続分は変わらず1/2、Aの法定相続分も変わらず1/4、代襲者であるC・Dの法定相続分はそれぞれ被代襲者Bの法定相続分である1/4を均等に分けた1/8です。

イ　配偶者と直系尊属の場合

　相続人が配偶者と直系尊属の場合の法定相続分は、配偶者が3分の2、直系尊属が3分の1である（900条2号）。

　相続人となる直系尊属が複数いる場合は、当該直系尊属全員で3分の1となり、これを当該直系尊属で均等に分ける（900条4号）。

ウ　配偶者と兄弟姉妹の場合

　相続人が配偶者と兄弟姉妹の場合の法定相続分は、配偶者が4分の3、兄弟姉妹が4分の1である（900条3号）。

　兄弟姉妹が複数いる場合は、兄弟姉妹全員で4分の1となり、これを兄弟姉妹で均等に分ける（900条4号本文）。ただし、兄弟姉妹の中に、被相続人と父

母の一方のみを同じくする兄弟姉妹（いわゆる半血の兄弟姉妹）がいる場合は、その法定相続分は被相続人と父母の双方を同じくする兄弟姉妹（いわゆる全血の兄弟姉妹）の半分となる（同号ただし書）。

> たとえば、Xが死亡し、配偶者Y、およびXと父母の双方を同じくする全血の兄弟姉妹A・Bがいる場合、Yの法定相続分は3/4、A・Bの法定相続分はそれぞれ1/8となります。
> また、Aが全血の兄弟姉妹である一方、BがXと父のみ（または母のみ）同じくする半血の兄弟姉妹である場合は、Yの法定相続分は変わらず3/4ですが、A・Bの各法定相続分は1/4を2：1で分けることになりますから、Aは1/6（1/4×2/3）、Bは1/12（1/4×1/3）となります。

エ　配偶者のみの場合

　配偶者しか相続人がいない場合は、配偶者の単独相続となる。

オ　配偶者以外の相続人のみの場合

　配偶者がおらず、配偶者以外の相続人だけがいる場合は、その配偶者以外の相続人が1人の場合は単独相続となり、複数いる場合は頭数で均等に分けることになる（900条4号）。

相続人	法定相続分
配偶者と子	1/2と1/2
配偶者と直系尊属	2/3と1/3
配偶者と兄弟姉妹	3/4と1/4
配偶者のみ	単独相続
配偶者以外の相続人のみ	1人なら単独相続、複数なら頭数で均等に

3　指定相続分　B

　指定相続分は、相続分の指定によって定まる。

　相続分の指定は、①被相続人自らが行う場合と、②被相続人からの委託を受けた第三者が行う場合とがある。

　たとえば、被相続人Xが「妻Aの相続分を4分の3、子B・Cの相続分を各8分の1とする」と指定する場合（①）と、被相続人Xが妻Aおよび子B・Cの相続分の指定をYに委託し、そのYがA・B・Cの各相続分を指定する場合（②）とがあるわけである。

ただし、こうした被相続人による相続分の指定や第三者への委託は、被相続人の遺言によることが必要である（902条1項）。このことは覚えておこう。

なお、被相続人や被相続人から委託を受けた第三者は、共同相続人のうちの一部の者についてのみ、相続分を指定することもできる。この場合は、他の共同相続人の相続分は、法定相続分の定めによって定まる（902条2項）。

また、遺留分に反する相続分の指定も可能であるが、その場合は遺留分侵害額請求権（➡ 202ページ **5**）が発生する。

可分債務についての相続分の指定に関しては、138ページ**オ**を参照してほしい。

4 具体的相続分 🅐

以上の法定相続分や指定相続分をベースとして算定されるのが、具体的相続分である。

具体的相続分は、相続後の遺産分割において、遺産分割の基準の1つとして用いられることが多い（➡ 145ページ **3**）。

また、遺留分侵害額の算定においても用いられることになる（➡ 201ページ**イ**、202ページ**ウ**）。

ア　具体的相続分の算定①──特別受益

では、具体的相続分は、どのように算定するのだろうか。

具体的相続分を算定する際には、特別受益と寄与分の修正を行う必要がある。まずは特別受益について説明する。

（ア）特別受益

特別受益とは、①被相続人から共同相続人に対して遺贈された財産、および②被相続人から共同相続人に対して婚姻・養子縁組のため、もしくは生計の資本として贈与された財産をいう（903条1項）。これはしっかりと覚えておこう。

> ①の共同相続人に対する遺贈は、その目的を問わず特別受益にあたります。
> これに対して、②の共同相続人に対する贈与は、「婚姻」もしくは「養子縁組」のため、あるいは「生計の資本」として、という目的でなされたものだけが特別受益にあたります。
> このうち、「婚姻」のための贈与については、子の婚姻に際して親が支度金や結納金を子に贈与したような場合がその典型です。なお、結婚式の挙式費用の贈与については、通常の挙式

費用の範囲内であれば「婚姻」のための贈与にあたらないとする見解が有力です。

「生計の資本」としての贈与とは、広く生計の基礎として役立つ財産上の給付で、**扶養義務の範囲を超えるもの**をいいます。たとえば、親が子に居住用の不動産を贈与した場合や、すでに親から独立している子に生活費を援助したような場合が、その典型です。学費の贈与についても、被相続人の資力や社会的地位に照らして扶養義務の範囲を超えると認められる場合は、「生計の資本」としての贈与にあたります。

（イ）贈与の持戻しとみなし相続財産

そして、特別受益にあたる贈与（➡上記（ア）の②）がある場合は、被相続人が相続開始の時において有した相続財産（ただし積極財産に限る）の価額にその贈与の価額を加算したものが、相続財産とみなされる（903条1項前段）。

このように、特別受益にあたる贈与の価額が加算された相続財産を、みなし相続財産という。

> みなし相続財産 ＝ 相続財産（積極財産）＋ 特別受益にあたる贈与の価額

※寄与分がある場合は、寄与分を控除する（➡130ページ（エ））

また、特別受益にあたる贈与の価額を相続財産に計算上加算することを、持戻しという。

みなし相続財産の計算に関して、2点補足します。

まず、相続財産という概念は、一般にはおよそ相続の対象となる財産をいい、そこには積極財産のみならず消極財産（債務）も含まれます。しかし、みなし相続財産の計算における「相続財産」には、**消極財産（債務）は含まれません**。たとえば、903条1項前段のいう「相続開始の時において有した財産」とは、「相続財産の時において有した積極財産」という意味に解していくのです。

ちなみに、消極財産（債務）は、具体的相続分とは切り離され、指定相続分または法定相続分によって承継されることになります。そのため、特別受益の計算によって具体的相続分がゼロとなった共同相続人（➡次ページ（エ）参照）も、相続放棄をしない限り、消極財産（債務）は指定相続分または法定相続分に従って承継することになります。この点は、相続財産に関する共有と当然分割（➡136ページ**2**）を学んだ後に理解できればOKです。

次に、みなし相続財産の計算においては、特別受益にあたる贈与の価額のみが加算されるのであり、**遺贈は加算されません**（903条1項前段）。遺贈は持戻しの対象ではないのです。この点は知識としてとても重要です。

ともに特別受益であるにもかかわらず、贈与と遺贈とで加算ないし持戻しの有無が異なっているのは、①贈与された財産は、被相続人が残した相続財産からすでに逸出してしまっているため、相続人間の公平のためには相続財産への加算が必要不可欠であるのに対し、②遺贈の目的たる財産については、未だかかる逸出はなく相続財産に含まれているため、相続財産への加算は不要と考えられているからです。

（ウ）遺贈・贈与の控除

　そして、このみなし相続財産に、各自の指定相続分または法定相続分を乗じて得た価額から、その者が受けた遺贈および特別受益にあたる贈与の価額を控除した残額が、その者の具体的相続分となる（903条1項後段）。

（エ）具体的相続分額と具体的相続分率

　以上の計算によって算出される額が、各相続人の具体的相続分である。この意味での具体的相続分は、具体的相続分額ともよばれる。

　また、各相続人の具体的相続分額の総額を分母とし、各相続人の具体的相続分額を分子とする割合を指して、具体的相続分という場合もある。この意味での具体的相続分は、具体的相続分率ともよばれる。

> 具体的相続分額＝みなし相続財産×その者の指定・法定相続分－その者への遺贈・特別受益にあたる贈与の価額

> 具体的相続分率＝その者の具体的相続分額÷各相続人の具体的相続分額の総額

　以上の内容は重要です。具体例をつかって、具体的相続分の計算の練習をしておきましょう。

　たとえば、Xが7000万円の現金を残して死亡し、その配偶者Wと子A・B・Cが相続人になったとします。ただし、AはXから生計の資本として1200万円の贈与を、BはXから生計の資本として800万円の贈与を受けており、CはXから1000万円の遺贈を受けたとします。寄与分や相続分の指定はありません。

　この事案において、みなし相続財産は、積極財産である**7000万円**に、**特別受益にあたる贈与の価額である1200万円と800万円を加算した9000万円**です。繰り返しになりますが、このみなし相続財産の計算においては、**遺贈の1000万円は加算されない**点に注意してください（903条1項前段）。

　そして、この9000万円のみなし相続財産をベースとして算出される各自の具体的相続分額ないし具体的相続分率は、次のようになります。

W：9000万円×1/2（法定相続分）－0円（Wの特別受益なし）＝4500万円
　　具体的相続分率は3/4（4500万円／6000万円）
A：9000万円×1/6（法定相続分）－1200万円（Aへの特別受益たる贈与の価額）＝
　　300万円
　　具体的相続分率は1/20（300万円／6000万円）
B：9000万円×1/6（法定相続分）－800万円（Bへの特別受益たる贈与の価額）＝700
　　万円

伊藤真・伊藤塾シリーズ一覧

伊藤真ファーストトラックシリーズ

法律学習のスタート地点に立つ読者に贈る、伊藤真の入門書シリーズ、全巻完結！

初学者にとっての躓きの石を取り除いてくれる一気読みできる新シリーズ。わかりやすく、中味が濃い授業をユーモアで包むと、Fast Track（特別の早道）になりました。圧縮された学習量、適切なメリハリ、具体例による親しみやすい解説で、誰もが楽しめる法律の世界へLet's Start！

- 法律学習の第一歩として最適の入門書
- 面白く、わかりやすく、コンパクト
- 必要不可欠な基本事項のみを厳選して解説
- 特に重要なテーマについては、具体的な事実関係をもとにしたCaseとその解答となるAnswerで、法律を身近に感じながら学習
- 判例・通説に基づいたすっきりした説明
- 図表とイラスト、2色刷のビジュアルな紙面
- 側注を活用し、重要条文の要約、判例、用語説明、リファレンスを表示
- メリハリを効かせて学習効果をあげるためのランク表示
- もっと先に進みたい人のためのプラスα文献
- 知識の確認や国家試験等の出題傾向を体感するためのExercise
- 時事的な問題や学習上のコツを扱うTopics

1 **憲法**［第2版］ 1900円
2 **民法**［第2版］ 2000円
3 **刑法**［第2版］ 1900円
4 **商法**［第2版］ 1900円
5 **民事訴訟法**［第2版］ 1900円
6 **刑事訴訟法**［第2版］ 1900円
7 **行政法**［第2版］ 2000円

伊藤真試験対策講座

論点ブロックカード・フローチャートなど司法試験受験界を一新する勉強法を次々と考案、導入した伊藤真による、「シケタイ」の愛称で多くの全国の受験生・法学部生・法科大学院生に支持されている、本格的な書き下ろしテキスト。最新の法改正にも対応。

- ●論点ブロックカードで、答案の書き方が学べる。
- ●図表・フローチャート・2色刷によるビジュアル化。
- ●試験に必要な重要論点をすべて網羅し、さらに論点の重要度をランク付け。
- ●多数の重要判例の判旨、争点、結論をコンパクトに整理。
- ●イメージをつかむための具体例は、講義の実況中継風。
- ●司法試験をはじめ法科大学院入試・司法書士・公務員・公認会計士試験、さらに学部期末試験対策にも最適。

1	**スタートアップ民法・民法総則**	3700円	9	**会社法** [第4版]	4200円
2	**物権法** [第4版]	2800円	10	**刑事訴訟法** [第5版]	4200円
3	**債権総論** [第4版]	3400円	11	**民事訴訟法** [第4版]	4500円
4	**債権各論** [第4版]	4400円	12	**親族・相続** [第4版]	3500円
5	**憲法** [第3版]	4200円	13	**行政法** [第5版]	3800円
6	**刑法総論** [第4版]	4000円	14	**労働法** [第4版]	3800円
7	**刑法各論** [第5版]	4000円	15	**倒産法** [第2版]	3500円
8	**商法**(総則商行為)**・手形法小切手法**[第3版]	4000円			

伊藤塾試験対策問題集 ●予備試験論文 ●論文 ●短答

「シケタイ」の実践篇。自習しやすく効率的な勉強をサポート、合格への最短コースを示す。

- ●予備試験論文
  1 **刑事実務基礎** [第2版] 3200円　2 **民事実務基礎** [第2版] 3200円
  3 **民事訴訟法** [第2版] 2800円　4 **刑事訴訟法** [第2版] 2800円
  5 **刑法** [第2版] 2800円　6 **民法** [第2版] 2800円　7 **商法** [第2版] 2800円
  8 **行政法** [第2版] 2900円　9 **憲法** [第2版] 2800円
- ●論文
  2 **刑法** 3000円　4 **憲法** 3200円
- ●短答
  1 **憲法** 2800円　2 **民法** 3000円　3 **刑法** 2900円　4 **商法** 3000円
  5 **民事訴訟法** 3300円

新 伊藤塾試験対策問題集 ●論文

すべての記述試験対策に対応。合格答案を書くためのノウ・ハウ満載、底力がつく問題集！

1	**民法** 2800円	2	**商法** 2700円	3	**民事訴訟法** 2900円	4	**行政法** 2800円
5	**刑事訴訟法** 2800円	6	**憲法** 3000円	7	**刑法** 3000円		

（オ）具体的相続分がゼロまたはマイナスとなる場合

　なお、特別受益の持戻しの結果、ある共同相続人の具体的相続分がゼロとなった場合や、マイナスとなった場合は、その共同相続人の具体的相続分はゼロとして扱われる（903 条 2 項）。

　ある共同相続人の具体的相続分がマイナスとなった場合のそのマイナス分の扱いについては明文がないが、他の共同相続人の具体的相続分の割合に対応するかたちで他の共同相続人が負担すると解するのが通説である。

　　たとえば、X が 6000 万円の現金を残して死亡し、その子 A・B・C が相続人になったとします。ただし、A は X から生計の資本として 3300 万円の贈与を受けていたとしましょう。
　　この場合、みなし相続財産は、6000 万円＋3300 万円＝9300 万円です。
　　そして、A の具体的相続分は、本来は 9300 万円×1/3＝3100 万円から特別受益の 3300 万円を控除したマイナス 200 万円となるはずです。しかし、903 条 2 項により、A の具体的相続分はゼロとなります。
　　そして、マイナス分の 200 万円については、通説によれば B・C の各具体的相続分の割合（この事案だと均等）に対応するかたちで、B・C が負担することになります。したがって、B・C の各具体的相続分は、本来の具体的相続分である 9300 万円×1/3＝3100 万円から、B・C の負担分である 100 万円を控除した 3000 万円となります。

（カ）持戻し免除の意思表示

　以上の特別受益の処理については、被相続人の意思表示による例外が認められている。これもきわめて重要である。

　すなわち、被相続人は、特別受益にあたる遺贈や贈与について、903 条 1 項 2 項と異なる意思を表示することができ、この意思が表示されたときは、その意思に従うものとされているのである（903 条 3 項）。

　このような被相続人の意思表示を、持戻し免除の意思表示という。しっかりと覚えておこう。

　たとえば、X が子 A に対して生計の資本として 100 万円を贈与した事案において、X が「持戻しを免除する」旨の意思表示をした場合は、この 100 万円は持戻しや控除の対象から除外される。

　また、X の子 B への 500 万円の遺贈についても、X が「持戻しを免除する」

旨の意思表示をした場合は、この500万円は控除の対象から除外されることになる。

> これらの意思表示は、本文でも述べたとおり、一般に「持戻し免除の意思表示」とよばれています。しかし、持戻しとは、特別受益にあたる贈与の価額を相続財産に加算することをいうところ（➡125ページ（イ））、持戻し免除の意思表示は、持戻しが行われる贈与だけではなく、持戻しが行われない遺贈についても可能です（後者の場合は、遺贈額の控除（➡126ページ（ウ））が免除となるにとどまります）。
> したがって、より厳密には、たとえば「持戻し等免除の意思表示」などとよぶ方が適切なのではないかと思います（私見）。

また、婚姻期間が20年以上の夫婦の一方である被相続人が、その配偶者に対し、その居住の用に供する建物またはその敷地を遺贈し、または贈与したときは、当該被相続人は、その遺贈または贈与について、持戻し免除の意思表示をしたものと推定される（903条4項）。配偶者居住権を遺贈または贈与した場合（➡158ページ**イ**）も、同様である（1028条3項）。

これらは、婚姻期間が長年にわたる配偶者を保護する趣旨の規定である。

（キ）死亡保険金請求権の特別受益該当性　➡論証11

共同相続人の1人が、被相続人を保険契約者かつ被保険者とする保険契約にかかる死亡保険金の受取人に指定されていた場合に、その共同相続人が取得する死亡保険金請求権は特別受益にあたるのだろうか。

判例は、次のように述べ、死亡保険金請求権は特別受益にはあたらないとしつつ、生ずる共同相続人間の不公平が到底是認することができないほどに著しいものであると評価すべき特段の事情が存する場合は、903条1項の類推適用により持戻しの対象となるとしている。

すなわち、まず「死亡保険金請求権は、その保険金受取人が自らの固有の権利として取得するのであって、保険契約者又は被保険者［＝被相続人］から承継取得するものではなく、これらの者の相続財産に属するものではない」ことから（➡119ページ（ア））、「903条1項に規定する遺贈又は贈与に係る財産には当たらない」。

もっとも、「死亡保険金請求権の取得のための費用である保険料は、被相続人が生前保険者に支払ったもの」であり、「保険契約者である被相続人の死亡により保険金受取人である相続人に死亡保険金請求権が発生する」ことにかんがみ、「保険金受取人である相続人とその他の共同相続人との間に生ずる不公

平が民法 903 条の趣旨に照らし到底是認することができないほどに著しいものであると評価すべき特段の事情が存する場合には、同条の類推適用により、当該死亡保険金請求権は特別受益に準じて持戻しの対象となる」(**最決平成 16・10・29 百選Ⅲ 61**)。

イ　具体的相続分の算定②──寄与分

以上の特別受益の処理に加えて、共同相続人に寄与分がある場合は、その処理も必要となる。

(ア) 意義

寄与分とは、共同相続人の中に、被相続人の財産の維持または増加について特別の寄与(貢献)をした者がいる場合に、当該共同相続人に与えられる金額または遺産総額に対する持分割合をいう(904 条の 2)。

(イ) 寄与の態様

共同相続人による寄与の態様には、①被相続人の事業に関する労務の提供、②財産上の給付、③被相続人の療養看護、④その他の方法(被相続人の扶養など)がある(904 条の 2 第 1 項)。

そして、共同相続人に寄与分が認められるためには、その者による寄与が「特別の寄与」(904 条の 2 第 1 項)にあたることが必要である。

寄与が「特別の寄与」にあたるためには、共同相続人がその寄与に対する相応の対価・補償を得ていないこと(無償性)に加えて、その寄与が被相続人との身分関係において通常期待される程度を超えるものであることが必要である。この点はできれば覚えておこう。

したがって、たとえば共同相続人の 1 人が、扶養義務(877 条 1 項)の範囲内で被相続人たる直系血族を扶養したというだけでは、「特別の寄与」にはあたらず、寄与分は認められない。

(ウ) 寄与分の決定

ある共同相続人に「特別の寄与」が認められる場合、その者の寄与分は、共同相続人間の協議で定める(904 条の 2 第 1 項)。

また、かかる協議が調わないときや、協議をすることができないときは、寄与をした者の請求により、家庭裁判所が寄与分を定める(904 条の 2 第 2 項)。

なお、寄与分は、被相続人が相続開始の時において有した財産の価額から遺

贈の価額を控除した残額を超えることができない（904条の2第3項）。たとえば、遺産全部が遺贈されたような場合は、いくら「特別の寄与」をした共同相続人がいたとしても、その者に寄与分は認められないわけである。

(エ) 寄与分がある場合の具体的相続分の算定方法

寄与分がある場合は、①相続財産（ただし積極的財産に限る）の価額から寄与分を控除したものを相続財産とみなす（みなし相続財産。904条の2第1項前段）。

なお、特別受益にあたる贈与がある場合は、相続財産にかかる贈与の額が加算される（➡125ページ（イ））。したがって、みなし相続財産の計算式は、次のようになる。

> みなし相続財産＝相続財産（積極財産）＋特別受益にあたる贈与の額－寄与分

そして、②寄与分を有する共同相続人の具体的相続分（額）は、かかるみなし相続財産にその者の法定相続分または指定相続分を乗じて得た価額に寄与分を加えた額となる（904条の2第1項後段）。

> 寄与分を有する共同相続人の具体的相続分額
> 　　　　＝みなし相続財産×その者の法定・指定相続分＋寄与分

　この寄与分の処理については、①相続財産から寄与分の額を取り除いて確保しておいたうえで、②その取り除いておいた寄与分の額を寄与分を有する者に別途与える、というイメージをもつとわかりやすいと思います。
　たとえば、Xが5000万円の現金を残して死亡し、その子A・B・Cが相続人になったとします。また、Aには2000万円の寄与分があるとしましょう。
　この場合のみなし相続財産は、相続財産である5000万円からAの寄与分である2000万円を取り除いた3000万円です。そして、Aの具体的相続分は、3000万円×1/3（法定相続分）で算出される1000万円に、寄与分として取り除いておいた2000万円を加えた3000万円となります。また、B・Cの具体的相続分は、それぞれ1000万円です。

　みなし相続財産：5000万円－2000万円（Aの寄与分）＝3000万円
　　　　　　　A：3000万円×1/3＋2000万円（Aの寄与分）＝3000万円
　　　　　　　B：3000万円×1/3＝1000万円
　　　　　　　C：3000万円×1/3＝1000万円

　では、Aに2000万円の寄与分があるのに加えて、BがXから生計の資本として600万円の贈与を受けており、またCがXから300万円の遺贈を受けた場合はどうでしょうか。

この場合のみなし相続財産は、5000万円＋600万円（特別受益にあたるBへの贈与の価額）−2000万円（Aの寄与分）で3600万円です。遺贈の額である300万円は加算されない点に注意してください。

そして、①Aの具体的相続分は、みなし相続財産3600万円×1/3の1200万円に寄与分の2000万円を加えた3200万円、②Bの具体的相続分は、3600万円×1/3の1200万円から特別受益の600万円を控除した600万円、③Cの具体的相続分は、3600万円×1/3の1200万円から遺贈の300万円を控除した900万円となります。なお、これとは別に、Cは遺産から300万円の遺贈を受けます。

これらの計算は、正確にできるようにしておきましょう。

みなし相続財産：5000万円＋600万円（Bへの特別受益たる贈与の額）−2000万円（Aの寄与分）＝3600万円
A：3600万円×1/3＋2000万円（Aの寄与分）＝3200万円
B：3600万円×1/3−600万円（Bへの特別受益たる贈与の価額）＝600万円
C：3600万円×1/3−300万円（Cへの遺贈の価額）＝900万円
（Cは別途300万円の遺贈を受ける）

ウ　具体的相続分の規定の適用除外

以上の具体的相続分には、重要な例外がある。

すなわち、相続の開始から10年を経過した後の遺産分割においては、10年を経過する前に遺産分割の審判を申し立てた等の場合を除き、具体的相続分の規定は排除される（904条の3）。相続人は、特別受益や寄与分の主張をすることはできなくなるわけである。この点は覚えておこう。

エ　具体的相続分の法的性質と確認の利益

具体的相続分は、実体法上の権利自体ではない。遺産分割審判事件における遺産の分割や、遺留分侵害額請求に関する訴訟事件における遺留分侵害額の確定のための前提問題として審理・判断されるべき事項であるにとどまる。

そのため、具体的相続分については、確認の利益（確認の訴えの利益）は認められない（最判平成12・2・24民集54−2−523）。

また、特別受益の該当性についても、同様に確認の利益は認められない（最判平成7・3・7民集49−3−893）。

したがって、具体的相続分の確認を求める訴えや、特別受益に該当することの確認を求める訴えは、仮に訴えが提起されたとしても却下判決によって審理が打ち切られることになる。

確認を求める訴えのことを、確認の訴えとか確認訴訟といいます。そして、民事訴訟法で詳しく学ぶのですが、かかる確認の訴えは、原則として、自己の現在の権利・法律関係の積極的確認を求める場合にのみ、確認の利益というものが認められ、適法となりえます。たとえば、原告の提起した、原告が特定の土地の所有権を有することの確認を求める訴えは、自己の現在の権利・法律関係の積極的確認を求める訴えですから、適法となり得ます。

では、具体的相続分の確認を求める訴えは、どうでしょうか。

具体的相続分の「具体的」という言葉の響きから誤解してしまいがちなのですが、実は、各相続人は必ずしも具体的相続分の額を実際に相続でもらえるわけではありません。具体的相続分は、遺産分割などの際に考慮される1要素にすぎないのです。たとえばAの具体的相続分が500万円、Bの具体的相続分が1000万円だったとしても、他の諸事情も考慮した結果（906条参照）、遺産からAが800万円を取得し、Bが700万円を取得するという遺産分割がなされることもあり得ます。すなわち、具体的相続分それ自体は、実体法上の権利自体ではないのです。そのため、具体的相続分の額や割合（率）がいくらかという点を、裁判所に独立に確認してもらうことはできないのです。具体的相続分の算定の前提となる特別受益の該当性についても、同様です。

5　相続人以外の親族がした特別の寄与　　B

以上の具体的相続分の算定において考慮されうる相続人の寄与分（➡129ページイ）と似た制度として、相続人以外の親族がした特別の寄与の制度がある（1050条）。

具体的相続分とは関係がないが、学習効率上、ここで説明しておこう。

ア　意義

被相続人に対して無償で療養看護その他の労務を提供したことにより、被相続人の財産の維持または増加につき特別の寄与をした被相続人の親族（特別寄与者）は、相続開始後、相続人に対し、特別寄与者の寄与の額に応じた金銭（特別寄与料）の支払を請求することができる（1050条1項）。

たとえば、被相続人Xの子Aの配偶者Wが、無償でXの療養看護に努めた結果、Xの財産が維持されたとする。しかし、子Aの配偶者Wは、Xの相続人ではないため、相続人の寄与分（➡129ページイ）の主張をすることができない。

実務的には、相続人であるAの寄与分の中でWの寄与を考慮するという手法も考えられるが、AがWより先に死亡した場合は、そのような手法をとることもできない。

そこで、Wのような相続人でない親族の寄与に報いるべく定められたのが、

相続人以外の親族がした特別の寄与の制度である。

イ　主体

特別寄与者になりうる者は、被相続人の親族（725条 ➡ 6ページ **4.**）であっ
て、かつ相続人ではない者である（1050条1項）。これはできれば覚えておこう。

なお、相続欠格者や被廃除者、相続を放棄した者は、特別寄与者となること
はできない（1050条1項かっこ書）。相続人になれない者や、あえて相続人にな
らなかった者を、特別の寄与の制度で救済する必要性は乏しいからである。

ウ　無償の労務提供と特別の寄与

特別寄与料の支払を請求するには、**イ**の要件を満たす者が、①被相続人に対
して無償で療養看護その他の労務の提供をしたことにより、②被相続人の財産
の維持・増加について特別の寄与をしたことが必要である（1050条1項）。

①の労務の提供は、あくまでも「無償」でなければならない。したがって、
対価を得ていた場合はもとより、遺贈等を受けた場合も、特別寄与料を請求す
ることはできない。

②の寄与は、「特別の寄与」でなければならない。この「特別の寄与」と
は、寄与分における「特別の寄与」（➡ 129ページ（**イ**））とは異なり、貢献の程
度が一定の程度を超えたものをいうと解されている。

エ　特別寄与料の請求手続

特別寄与料の請求の可否およびその額は、特別寄与者と相続人との間の協議
で定める。

この協議が整わないとき、または協議をすることができないときは、特別寄
与者は、家庭裁判所に対して、協議に代わる処分を請求することができる
（1050条2項本文）。ただし、この家庭裁判所への請求は、特別寄与者が相続の
開始および相続人を知った時から6か月を経過したとき、または相続開始時か
ら1年を経過したときは、することができない（同項ただし書）。

協議に代わる処分の請求を受けた家庭裁判所は、寄与の時期、方法および程
度、相続財産の額その他一切の事情を考慮して、特別寄与料の額を定める
（1050条3項）。

オ　特別寄与料の上限と各相続人の負担部分

以上のように、特別寄与料の額は協議または家庭裁判所の処分によって決まるが、いずれの場合であっても、特別寄与料の額は被相続人が相続開始時に有した財産の価額から遺贈の価額を控除した残額を超えることができない（1050条4項）。この点は、寄与分の場合と同じである（➡129ページ（**ウ**））。

また、相続人が数人ある場合は、各相続人は、特別寄与料の額に法定相続分または指定相続分を乗じた額を負担する（1050条5項）。

6　相続分の譲渡 ）　B

相続分の最後に、相続分の譲渡について説明する。

ア　意義

相続分の譲渡それ自体を定めた明文はないが、905条は、相続分の譲渡が認められることを前提としている。

相続分の譲渡とは、共同相続人の1人が、遺産分割の前にその相続分を他の者に譲渡することをいう。

なお、905条は相続分の譲渡の相手方を「第三者」としているが、共同相続人に対する相続分の譲渡も認められる（通説・実務）。共同相続人の1人が他の共同相続人に自らの相続分を譲渡することも可能なわけである。

また、905条の「相続分」とは、消極財産を含む相続財産全体に対する割合的な持分をいう。すなわち、同条の「相続分」は、相続権ないし遺産分割前の相続人の地位を指しているわけである。

イ　効果

相続分の譲受人は、遺産の管理や遺産分割の手続に参加できる。

共同相続人が相続分の譲受人となった場合は、従前から有していた相続分と新たに取得した相続分とを合計した相続分を有する相続人として、遺産分割に加わることになる（最判平成13・7・10民集55-5-955）。

ウ　特別受益への該当性

共同相続人間においてされた無償による相続分の譲渡は、当該相続分に経済

的価値があるとはいえない場合を除き、903条1項に規定する「贈与」にあたるとするのが判例（**最判平成30・10・19百選Ⅲ64**）である。

たとえば、Xが死亡し、Xの妻Yが子Aに自らの相続分を無償で譲渡したところ、その後にYが死亡し、子A・BがYを相続したとする。この場合、Yが生前行ったAに対する相続分の無償譲渡は、当該相続分に経済的価値があるとはいえない場合を除き、Yを被相続人とする相続において特別受益たる贈与にあたることになる。

エ　相続分の取戻し

相続分が第三者に譲渡されたときは、譲渡人以外の共同相続人は、その価額と費用を償還して、その相続分を譲り受けることができる（905条1項）。相続分の譲渡人以外の共同相続人には、譲渡された相続分の取戻権があるわけである。

この取戻権が発生するためには、相続分の譲渡が共同相続人以外の「第三者」に対してなされたことが必要である。共同相続人に対して相続分の譲渡がなされた場合は、他の共同相続人に取戻権は認められない（通説）。

この取戻権は、相続分の譲渡から1か月以内に行使しなければならない（905条2項）。

取戻権が行使されると、相続分の譲受人は相続分を失う。

7. 相続財産の帰属と管理・処分

1　相続財産の帰属　A⁺

相続財産（遺産）という概念は多義的だが、ここではおよそ相続の対象となる財産をいう（➡ 117ページ **5.**）。

共同相続が生じた場合、相続財産は、原則として共同相続人の共有に属し

（898条1項）、各共同相続人は法定相続分または指定相続分に応じた共有持分を有する（同条2項）。

ただし、この共有という状態は、過渡的・暫定的な状態にとどまる。すなわち、その後に遺産分割の手続を経ることによって、相続財産の最終的な帰属が決定することになるのである。

また、この「共有→遺産分割」というプロセスを経ることなく、相続の開始と同時に法律上当然に分割されて各共同相続人に個別に帰属することになる相続財産もある。

たとえば、被相続人が100万円の金銭債務を負っていた場合、その共同相続人である子A・Bは、遺産分割を経ることなく当然に分割された50万円の金銭債務をそれぞれ負うことになる。

以上の各内容は、超重要基本事項である。しっかりと覚えておこう。

2 共有と当然分割 Ａ

では、いかなる相続財産が共有となり、また、いかなる相続財産が当然に分割されるのだろうか。相続財産の種類ごとに見ていこう。

ア 不動産・動産

まず、被相続人が所有する不動産を共同相続した場合は、共同相続人の共有となる。

被相続人が所有する動産を共同相続した場合も、やはり共同相続人の共有となる。

イ 金銭

動産のうち、金銭（現金）も、共同相続人の共有となる。これはしっかりと覚えておこう。

したがって、遺産分割までの間は、共同相続人の１人は、金銭を相続財産として保管している他の共同相続人に対して、自己の相続分に応じた金銭の支払を請求することはできない（**最判平成４・４・10百選Ⅲ67**）。

ウ　可分債権

　金銭債権を典型とする可分債権は、判例によれば共有の対象とはならず、相続分に従って当然に分割されて単独債権として承継される（**最判昭和29・４・８百選Ⅲ69**）。

　通説も、分割債権・債務の原則（427条）に照らし、判例と同様に解している。

> 　相続分の指定（→123ページ**3**）がない場合は、上記の判例が当然分割の基準としている「相続分」は法定相続分を指す、ということで特に問題はありません。
> 　では、相続分の指定がある場合は、「相続分」は法定相続分と指定相続分のいずれを指すのでしょうか。
> 　上記の判例はこの問題について明示していないのですが、学説では、相続分の指定があった場合は金銭債権は指定相続分に従って当然に分割される（つまり、相続分の指定があった場合は、上記の判例のいう「相続分」は指定相続分を指す）と解したうえで、法定相続分を超える部分の承継を債務者や第三者に対抗するには対抗要件（899条の２）の具備が必要と解していく見解が有力です。

　また、共同相続人の共有に属する財産が、共同相続人全員の合意によって売却された場合の売却代金債権も、これを遺産分割の対象に含める合意をするなどの特別の事情のない限り、相続財産には加えられず、共同相続人が各持分に応じて個々にこれを分割取得することになる（**最判昭和54・２・22家月32−１−149**）。

エ　預貯金債権　　→論証12

　ただし、上記**ウ**で述べた可分債権の当然分割の原則には、きわめて重大な例外がある。

　すなわち、金銭債権のうち、預貯金債権は、当然に分割されることはなく、遺産分割の対象となるとするのが判例（**最大決平成28・12・19百選Ⅲ70**）・通説である。預貯金債権は具体的な遺産分割の方法（→150ページ**7**）を定めるにあたっての調整に資する財産として現金に近い性質を有するから、というのがその理由である。

　この例外は、確実に覚えておこう。

たとえば、3000万円の甲土地、2000万円の乙土地、1200万円の預金債権を残してX が死亡し、子A・Bが相続人となったとします。この場合、仮に預金債権は当然に分割されて 600万円ずつA・Bに分割帰属すると解すると、残る3000万円の甲土地と2000万円の 乙土地をA・Bでどう分けるかで、遺産分割協議が紛糾する可能性があります。
　これに対し、判例のように、1000万円の預金債権も当然に分割されることはなく遺産分割 の対象となると解すれば、たとえばAは3000万円の甲土地と預金債権のうち100万円を 取得し、Bは2000万円の乙土地と預金債権のうち1100万円を取得するということで、遺 産分割協議がまとまる可能性が高まります。
　このように、具体的な遺産分割の方法を定めるにあたっての調整に資するという預貯金債権 の性質に照らして、判例は、預貯金債権の当然分割を認めず、現金と同様に預貯金債権も遺産 分割の対象となると解しているわけです。

　ただし、預貯金債権については、各共同相続人は相続開始時の債権額の3分 の1に当該共同相続人の法定相続分を乗じた額（ただし、法務省令で定めた額 ［令和5（2023）年4月現在で150万円］を限度とする）について、単独で権利を行 使することができる（909条の2前段）。共同相続人の生活費や葬儀費用の支払 い、相続債務の弁済などの便宜を図る趣旨である。

　この規定に基づき単独で権利の行使をした預貯金債権については、当該共同 相続人が遺産の一部の分割によってこれを取得したものとみなされる（909条の 2後段）。

　たとえば、被相続人Xを子A・Bが相続した事案で、相続財産の中にX名義の300万円 の預金債権がある場合、この300万円の預金債権は当然には分割されません。しかし、A・ Bは、それぞれ50万円（300万円×1/3×1/2）までは単独で払戻しを請求し、自らの生 活費やXの葬儀費用、相続した金銭債務（→下記オ参照）の弁済などにあてることができる わけです。

オ　可分債務

　金銭債務をその典型とする可分債務は、427条の分割債権・債務の原則に基 づき、法定相続分に従って当然に分割されて承継される（大決昭和5・12・4民 集9-1118。ただし、賃料債務はその例外である。→140ページク）。

　なお、金銭債務のような可分債務について、被相続人などによる相続分の指 定（→123ページ3）がなされた場合であっても、債権者は、各共同相続人に対 し、各共同相続人の法定相続分に応じた債務の履行を請求することができる （902条の2本文）。相続分の指定は債権者の関与なく行われるものである以上、 債権者が相続分の指定に拘束されるいわれはないからである。

ただし、債権者が共同相続人の1人に対してその指定相続分に応じた債務の承継を承認した場合は、債権者は、指定相続分に従って、各共同相続人に債務の履行を請求するべきことになる（902条の2ただし書）。

> 　可分債務の帰属について、具体例で補足しておきます。
> 　たとえば、XがYに対する500万円の債務を残して死亡し、子A・BがXを相続した場合、A・Bの各法定相続分は1/2ですから（→123ページオ）、A・Bはそれぞれ250万円の債務を当然に承継することになります。
> 　しかし、このような金銭債務についても、Xは相続分の指定を行うことが可能です。たとえば、Xは「Yに対する500万円の金銭債務について、Aの相続分を1/5、Bの相続分を4/5と指定する」との遺言をすることにより、相続分を指定することができるわけです。
> 　このような相続分の指定があった場合、共同相続人の内部では、指定の対象となった金銭債務は指定相続分のとおりに分割されて承継されます。A・B間では、Aは100万円、Bは400万円の債務をそれぞれ承継することになるわけです。
> 　ただし、この相続分の指定は、あくまでも共同相続人であるA・B間でのみ有効なのが原則です。したがって、債権者であるYは、相続分の指定を無視して、原則どおりA・Bにそれぞれ250万円の支払いを請求することができます（902条の2本文）。そして、たとえばAがYに250万円を弁済した場合は、A・B間では相続分の指定は有効である以上、AはAの負担部分である100万円を超える150万円について、事務管理または不当利得に基づきBに対して求償することが可能となります。
> 　また、Yは、相続分の指定を承認し、Aに対して100万円、Bに対して400万円の支払をそれぞれ請求することも可能です（902条の2ただし書）。たとえばAが無資力の場合は、Yはこの請求の仕方を選択する方が合理的でしょう。

　また、共同相続人の全員が同意をすれば、金銭債務のような可分債務についても遺産分割協議の対象とすることができると解したうえで、かかる遺産分割協議によって可分債務につき法定相続分とは異なる分割をした場合は、以上の902条の2を類推適用して処理すべきとする見解が有力である。

カ　連帯債務

　連帯債務についても、各共同相続人は当然に分割されたものを承継し、各自その承継した範囲において本来の債務者とともに連帯債務者となる（**最判昭和34・6・19百選Ⅲ72**）。

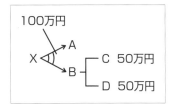

　たとえば、Xに対してAとBが100万円の連帯債務を負っているところ、Bが死亡して子C・Dが相続した場合、C・Dはそれぞれ50万円の債務を承継し、その50万円の範囲で本来の債務者であるAとともに連帯債務

者となる。

　なお、CとA、およびDとAは、それぞれ連帯債務者たる関係に立つが、C
とDは連帯債務者たる関係に立たない。連帯するのは、あくまでも本来の連帯
債務者との関係においてだけである点に注意しよう。

キ　不可分債権・不可分債務

　不可分債権や不可分債務は、共同相続人全員に不可分的に帰属する。

　したがって、たとえば不可分債権の共同相続人の1人は、共同相続人全員の
ために、債務者に対して不可分債権の履行を請求することができる（428条・
432条）。

　また、不可分債務の共同相続人は、各自、不可分債務の全部について履行す
る義務を負うことになる（430条・436条）。

ク　賃料債務

　被相続人が賃借していた家屋を相続人が相続の開始後も使用していた場合の
賃料債務は、通常の金銭債務（➡138ページ**オ**）とは異なり、特段の事情のない
限り不可分債務として共同相続人全員に帰属する（大判大正11・11・24民集1-
670）。

　賃借人である共同相続人は賃貸借の目的物の全部を使用収益することができ
る以上、その対価である賃料も不可分のものとして全額負担すべきであるか
ら、というのがその理由である（➡債権総論163ページ**1**）。

ケ　賃料債権　➡論証13

　以上の賃料債務とは異なり、賃料債権は、通常の金銭債権（➡137ページ**ウ**）
と同様に、相続分に応じて当然に分割される。

　判例も、①相続開始から遺産分割までの間に、遺産である賃貸不動産から生
じた賃料債権は、遺産とは別個の財産というべきであって、各共同相続人がそ
の相続分に応じて分割単独債権として確定的に取得するとし、また、②各共同
相続人がその相続分に応じて分割単独債権として確定的に取得した上記賃料債
権の帰属は、後にされた賃貸不動産の遺産分割の影響を受けないものとしてい
る（**最判平成17・9・8百選Ⅲ68**）。

最後の判例について、具体例で補足しておきます。

たとえば、Ｘがα建物を賃料月額10万円で賃貸していたところ、Ｘが死亡して子Ａ・Ｂが相続したとします。この場合、相続開始から遺産分割までの間に生じた賃料債権は、当然に分割され、Ａ・Ｂに単独債権として帰属します（上記①）。Ａ・Ｂは、それぞれＹから月5万円ずつ支払いを受けることができるわけです。

では、その後の遺産分割によって、α建物がＢの単独所有ということになった場合はどうなるでしょうか。この場合でも、遺産分割までの賃料債権の帰属には影響がありません（上記②）。したがって、たとえば賃料の未払分がある場合は、遺産分割後であっても、α建物を取得したＢはもとより、ＡもＹに対して相続分に応じて未払賃料の支払いを請求することができます。また、遺産分割前にＡがＹから支払いを受けた賃料につき、ＢはＡに対して不当利得返還請求をすることはできません。遺産分割には遡及効があるのですが（909条本文）、この遡及効は徹底しないというのが判例の立場なのです。

3 「共有」の法的性質 B⁻

898条1項のいう「共有」は、物権法における共有と同じ意味である。したがって、共同相続人の「共有」に属する相続財産には、原則として249条以下の共有の規定が適用される（898条2項前段参照。なお、➡ 149ページ **6** も参照）。

ただし、物権法における共有とは異なる取扱いも、いくつか定められている（たとえば905条から907条）。これらの相続法の規定は、相続財産の特殊性から定められた例外規定である。

4 相続財産の管理・処分 B⁺

相続の開始後、遺産分割が終了するまでの間、共同相続人の共有に属する相続財産は、どのように管理・処分されるのだろうか。

ア 共同相続人などによる管理・保存

まず、共同相続人は、共有に属する相続財産を、その固有財産におけるのと同一の注意をもって管理しなければならない（918条本文）。

その後に限定承認をした場合であっても、その固有財産におけるのと同一の注意をもって相続財産の管理を継続しなければならない（926条1項）。

他方、相続放棄をした者は、相続放棄の時に相続財産に属する財産を現に占有していたときに限り、相続人または相続財産清算人（➡ 174ページ **3**）に対して当該財産を引き渡すまでの間、自己の財産におけるのと同一の注意をもってその財産を保存しなければならない（940条1項）。

なお、この940条1項のいう「自己の財産」とは、918条本文や926条1項のいう「固有財産」と同じ意味である（通説）。

> 　相続放棄をした者の保存義務は、相続放棄をした者が相続放棄の時点で「現に占有している」相続財産に限って生じます（940条1項）。
> 　したがって、たとえば甲建物で一人暮らしをしていたXが死亡したところ、Xと遠く離れて暮らしている子AがXの相続を放棄した場合、Aは甲建物の保存義務を負いません。確かに、Aは相続放棄の時点で被相続人Xによる甲建物の占有を観念的には承継していますが（➡民法総則［第3版］318ページア）、それだけでは「現に占有している」とはいえないからです。この要件は法律相談実務での頻出事項ですから、今からしっかりと覚えておきましょう。

イ　変更行為・管理行為・保存行為

　相続財産の変更行為や管理行為、保存行為については、物権法の共有の規定（251条以下）が適用される（898条1項参照）。

　たとえば、共有物に対する変更行為は、共有物の形状または効用の著しい変更を伴わない場合を除き、共同相続人全員の同意が必要である（251条1項）。

　改良行為や利用行為のような管理行為は、法定相続分または指定相続分に従った持分価格の過半数で決定できる（252条1項）。ただし、保存行為は、各共同相続人が単独で行うことができる（同条5項）。

ウ　処分行為

　各共同相続人は、共有に属する相続財産の自己の共有持分（898条2項）については、自由に処分することができる（➡物権法・担保物権法116ページ **3**）。

　他方で、相続財産全体の処分行為は、共同相続人全員の持分の処分であるから、共同相続人全員の合意が必要である。

　なお、共同相続人全員の合意によって相続財産が売却された場合の売却代金債権は、これを遺産分割の対象に含める合意をするなどの特別の事情のない限り、相続財産には加えられず、共同相続人が各持分に応じて個々にこれを分割取得する（最判昭和54・2・22家月32-1-149 ➡ 137ページ**ウ**）。

エ　相続財産管理人による管理

　家庭裁判所は、利害関係人または検察官の請求によって、いつでも、相続財産管理人の選任などの相続財産の保存に必要な処分を命ずることができる

（897 条の 2 第 1 項本文）。

相続財産管理人は、共同相続人の中から選任してもよく、また、相続人以外の者を選任してもよい。

選任された相続財産管理人は、相続財産全般について管理する権限を有する。

オ　遺言執行者による管理

遺言によって遺言執行者（➡ 185 ページ **3**）が選任されている場合は、遺言の内容を実現するため、遺言執行者は、善良な管理者の注意をもって相続財産を管理する義務を負う（1012 条 3 項・644 条）。

8. 遺産分割

すでに説明したとおり、相続財産は、当然に分割されるものを除き、共同相続人の共有に属する（898 条 1 項）。

そして、共同相続人の共有に属する相続財産は、その後の遺産分割によって、最終的な帰属が決定することになる。

以下では、この遺産分割について説明する。

1　遺産分割の対象　　**A**

ア　共有に属する相続財産

遺産分割の対象となる財産は、原則として、相続財産のうち、共同相続人の共有に属する相続財産である。これはしっかりと覚えておこう。

具体的に、相続財産のうちいかなる財産が共同相続人の共有に属するのかについては、136 ページ **2** で詳しく説明したとおりである。

【相続財産の評価の基準時】
遺産分割においては、共同相続人の共有に属する相続財産の額を評価したうえで、その評価

額に具体的相続分の割合を乗じた額に沿うように遺産分割をすることが多いのですが、そうした遺産分割の際の相続財産の額の評価については、相続開始時ではなく、**遺産分割時を基準**として行うのが通説・実務です。遺産分割の対象は遺産分割時の相続財産であって相続開始時の相続財産ではないから、というのがその理由です。

したがって、たとえば遺産である甲土地の評価額が、相続開始時は 1000 万円だったものの、遺産分割時には値上がりして 1500 万円となっている場合は、遺産分割においては甲土地は 1500 万円の土地として扱われます。

ちなみに、相続税を算出する際の相続財産の評価については、**相続開始時を基準として行う**のが税務実務です。合格後はこの点も覚えておきましょう。

イ 遺産分割前に処分された相続財産

相続の開始後、遺産分割の前に、相続財産の一部が処分されてしまった場合は、その処分された財産は遺産分割の対象からは除外され、別途、当該処分をした者に対する不当利得または不法行為などによって処理することになるのが原則である。

ただし、当該処分をした共同相続人を除く共同相続人全員の同意があれば、当該処分された財産が遺産分割時に遺産として存在するものとみなすことができる（906 条の 2 第 1 項、2 項）。この場合は、当該処分された財産も遺産分割の対象となる。

ウ 配偶者居住権

後に学ぶ配偶者居住権も、遺産分割の対象となる（➡ 158 ページ**イ**）。

エ 遺産の一部の分割

遺産の一部のみを対象とする遺産分割も、原則として認められる（907 条 1 項、2 項本文）。

ただし、遺産の一部を分割することにより他の共同相続人の利益を害するおそれがある場合は、その一部の分割を家庭裁判所に請求することはできない（907 条 2 項ただし書）。

2 遺産分割の当事者 B⁺

ア 共同相続人 改正

遺産分割のもっとも重要な当事者は、共同相続人である（907 条）。具体的相

続分を有しない共同相続人も、遺産分割の当事者となる。

遺産分割が共同相続人の一部を除外してなされた場合、その遺産分割は無効である。

ただし、遺産分割が成立した後に、被相続人以外の者を父とする嫡出推定が否認されたために新たに被相続人を父とする嫡出推定を受けるに至った者（772条4項 ➡ 41ページ **4**）は、すでに成立している遺産分割の無効を主張することはできず、他の共同相続人に対して価額の支払を請求する権利が認められるにとどまる（778条の4）。

また、遺産分割が成立した後に、認知の訴えまたは遺言によって認知されて新たに相続人となった者も、すでに成立している遺産分割の無効を主張することはできず、他の共同相続人に対して価額の支払を請求する権利が認められるにとどまる（910条）。

> 遺産分割の当事者たる共同相続人の一部を除外してなされた遺産分割は無効です。また、認知には、出生時への遡及効があります（784条本文）。とすると、ある者が認知される前に他の共同相続人の間でなされた遺産分割は、認知後は遡及的に共同相続人の一部を除外してなされた遺産分割ということになり、無効となるはずです。
> しかし、それでは他の共同相続人の利益が害されてしまいます。そこで、910条は、すでになされた遺産分割の効力を維持しつつ、認知されて新たに相続人となった者に他の共同相続人への価額の支払請求権を認めることによって、他の共同相続人と認知されて新たに相続人となった者との利害の調整を図ったわけです。

イ　その他の当事者

相続分の譲受人（➡ 134ページ **6**）および包括受遺者（➡ 191ページ **5**）も、遺産分割の当事者となる（包括受遺者につき990条参照）。

また、遺言執行者（➡ 185ページ **3**）がある場合は、遺言執行者も遺産分割の当事者となる（通説）。

3　遺産分割で考慮される事由　B+

およそ遺産分割においては、具体的相続分（➡ 124ページ **4**）に加え、「遺産に属する物又は権利の種類及び性質、各相続人の年齢、職業、心身の状態及び生活の状況その他一切の事情」が考慮される（906条）。

ただし、遺産分割協議（➡次ページ **4**）は共同相続人全員が合意した場合に

成立するものである以上、遺産分割協議においては、具体的相続分や906条の基準から外れた遺産分割をすることもできる。たとえば、具体的相続分を有する共同相続人Aの取り分をゼロとするような遺産分割も可能である。

　また、およそ遺産分割について、相続開始から10年を経過した後にする場合は、原則として具体的相続分の規定は排除される（904条の3柱書。例外について同条1号、2号）。この場合、相続人は、特別受益や寄与分の主張をすることはできず、遺産分割は指定相続分または法定相続分によって行われることになるわけである。これは、遺産分割の促進・円滑化を図る趣旨の規定である。

4　遺産分割の手続その1——遺産分割協議　🅰

　遺産分割は、①被相続人の遺言による遺産分割方法の指定（908条）、②共同相続人による遺産分割協議（907条1項）、③家庭裁判所による遺産分割審判（同条2項、家事事件手続法244条、別表第2の12）、④共有物分割訴訟のいずれかによって行われる（258条の2第2項）。しっかりと覚えておこう。

```
遺産分割      ┌ ①遺言による遺産分割方法の指定
の手続        │ ②遺産分割協議
             │ ③遺産分割審判
             └ ④共有物分割訴訟
```

　これらのうち、①は遺言の箇所で説明することとし（➡193ページ**4.**）、ここでは②から④の3つの手続について説明する。

　まずは、遺産分割協議についてである。

ア　要件

　共同相続人（および相続分の譲受人、包括受遺者、遺言執行者。以下、遺産分割に関する説明では、これらの者を含めて単に「共同相続人」と表記する）は、遺産分割が禁止される期間（➡153ページ**9**）を除き、いつでも、その協議で遺産の全部または一部の分割をすることができる（907条1項）。

　遺産分割協議の成立には、共同相続人全員の合意が必要である。多数決による遺産分割協議は認められない。これはしっかりと覚えておこう。

また、907条1項が「いつでも」としていることから明らかなように、遺産分割協議については、相続開始から何年以内というような期間制限はない。

イ　遺言による遺産分割の方法の指定との関係

遺言による遺産分割の方法の指定（➡193ページ **4.**）がある場合であっても、遺産分割協議によって、遺言による遺産分割の方法の指定と異なる分割をすることができる。

たとえば、Xが死亡しA・Bが相続した事案で、「遺産のうち、Aに甲土地を分割し、Bに現金を分割すること」との遺言がある場合であっても、Aが現金を取得し、Bが甲土地を取得するという内容の遺産分割協議も可能である。

ウ　遺産分割協議の瑕疵

遺産分割協議に、民法総則で定められている法律行為・意思表示の無効・取消事由（すなわち意思無能力、制限行為能力、公序良俗違反、強行法規違反、心裡留保、通謀虚偽表示、錯誤、詐欺、強迫）がある場合は、それぞれの規定が適用される。

ただし、遺産分割の安定性を図るべく、錯誤については、「重要」性（95条1項柱書）の判断は厳格になされるべきであり、また、「重大な過失」（95条3項柱書）を広く認めるべきと解されている。

エ　遺産分割協議の解除・合意解除　➡論証14

共同相続人の1人が、遺産分割協議において他の相続人に対して負担した債務を履行しない場合、当該他の相続人は遺産分割協議を解除することができるのだろうか。

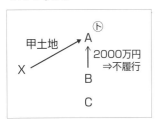

たとえば、Xが死亡し、子A・B・Cが相続したところ、①Aが唯一の遺産である甲土地を取得する、②その代わりにAはBに対して2000万円を支払う、③Cは何も取得しない旨の遺産分割協議が成立したとする。この遺産分割協議に基づき、Aは甲土地の所有権移転登記を具備したが、Bに2000万円を支払わないとしよう。この場合、BはAの債務不履

行を理由として、A・B・C間の遺産分割協議を解除することができるのだろうか。

判例は、かかる解除を否定する（**最判平成元・2・9百選Ⅲ75**）。

仮に解除を肯定すると、遡及効（909条本文）を有する遺産再分割を余儀なくされ、法的安定性が著しく害される。また、共同相続人全員が再度分割をやり直すのは実際上困難である。このように考えると、解除を否定する判例は妥当であろう。

なお、以上の債務不履行解除とは異なり、共同相続人全員の合意による合意解除については、共同相続人全員が欲している以上、当然に可能と解されている。判例も、合意解除を認めている（**最判平成2・9・27民集44-6-995**）。

オ 遺産分割協議と詐害行為取消し

遺産分割協議は、相続財産の帰属を確定させる行為であり、財産権を目的とする法律行為（424条2項参照）といえることから、詐害行為取消しの対象となる（**最判平成11・6・11百選Ⅲ76**）。

相続放棄が詐害行為取消しの対象とならないこと（➡117ページ**エ**）と対比して、しっかりと覚えておこう。

5 遺産分割の手続その2──遺産分割審判 Ｂ

以上で述べた遺産分割の協議が調わないとき、または協議をすることができないときは、各共同相続人は、原則として、全部または一部の遺産の分割を家庭裁判所に請求することができる（907条2項本文。例外につき同項ただし書）。

この請求を受けた家庭裁判所は、具体的相続分や、「遺産に属する物又は権利の種類及び性質、各相続人の年齢、職業、心身の状態及び生活の状況その他一切の事情」（906条）を考慮して、遺産分割を行うことになる。

ただし、相続開始から10年を経過した後の遺産分割においては、10年を経過する前に遺産分割審判を申し立てた場合等を除き、具体的相続分の規定は排除される（904条の3）。この場合、相続人は、特別受益や寄与分の主張をすることはできず、遺産分割審判は指定相続分または法定相続分によって行われることになるわけである。これは、遺産分割の促進・円滑化を図る趣旨の規定である。

なお、家庭裁判所は、分割の審判に先立って、調停による分割を試みるのが通例である（家事事件手続法244条、274条1項参照）。

6　遺産分割の手続その3──共有物分割訴訟　B

　物権法が定める共有物分割訴訟の規定（258条）は、遺産共有以外の通常共有（たとえば土地の共同購入者による共有）を前提とした規定である。したがって、遺産共有には適用されず、共有物分割訴訟による遺産分割は認められないのが原則である（258条の2第1項）。

　しかし、その例外として、①共有物の持分が相続財産に属する場合であって、②相続開始から10年を経過したときは、共有物分割訴訟による分割も認められる（258条の2第2項本文。例外につき同項ただし書）。

　これは、遺産共有と通常共有が併存している場合の分割方法の合理化を図るための例外規定である。

---

　①の「共有物の持分が相続財産に属する」とは、その財産が、**数人の相続人**と、**相続人以外の者**との**共有**に属するという意味です。

　たとえば、XとYが甲土地を共有していたところ、Xが死亡して子A・BがXを相続した場合、Xが有した甲土地の「持分が」、「相続財産」として共同相続人A・Bの共有に属することになります。いいかえれば、甲土地は、共同相続人A・Bと、相続人以外の者であるYとの共有に属しているわけです。したがって、この場合は「共有物の持分が相続財産に属する」といえ、相続開始から10年が経過したときには、A・B・Yはそれぞれ共有物分割訴訟を提起することができます。

　では、なぜこのような例外が認められているのでしょうか。上記の事案では、A・Bの共有は遺産共有であるのに対し、これとYとの共有は通常共有にあたるため、本来であれば、A・Bの遺産共有の解消については相続法の定める遺産分割手続が、これとYとの通常共有の解消については物権法の定める共有物分割手続が、それぞれ必要です。二重の手続が必要となってしまうわけです。確かに遺産分割手続には、共同相続人に具体的相続分による分割の利益が認められるなど、固有のメリットがあります。しかし、常に二重の手続を要求するのは、やはり煩雑です。そのため、②相続開始から10年を経過したために具体的相続分の主張ができなくなったこと（904条の3 ➡ 131ページウ、前ページ**5**）をも要件としたうえで、共有物分割訴訟という1回の手続によるすべての共有状態の解消を認めたわけです。

　ちなみに、Pが乙土地を単独で所有していたところ、Pが死亡して子Q・RがPを相続した場合は、たとえ相続開始から10年が経過したとしても、QやRは共有物分割訴訟を提起することはできません。乙土地の全部が共同相続人の共有に属しているため、「共有物の持分が相続財産に属する」とはいえないからです。この場合に裁判所に分割してもらうためには、原則どおり遺産分割審判を申し立てることになります。

7 遺産分割の方法 B+

遺産分割の方法には、①現物分割、②換価分割、③代償分割、④共有分割がある。

```
              ┌ ①現物分割
              │    ：現物を分割
              │ ②換価分割
              │    ：換価して代金を分配
  具体的な     │ ③代償分割（賠償分割）
  遺産分割の方法 ┤    ：一部の相続人が法定相続分を超
              │      える額の財産を取得し、他の相続
              │      人に対する債務を負担する
              │ ④：共有分割
              └    ：物権法上の共有とする
```

①の現物分割は、現物それ自体を分割する方法である。

たとえば、X が甲土地と乙土地を残して死亡し、子 A・B が X を相続した場合において、甲土地を A が、乙土地を B が取得する場合が、現物分割の例である。

②の換価分割は、遺産を売却などで換金（換価処分）した後に、代金を分配する方法である。

たとえば、上記の甲土地と乙土地を第三者 C に売却して、その代金を A・B で分け合う場合が、換価分割の例である。

③の代償分割は、一部の相続人に法定相続分を超える額の財産を取得させたうえで、他の相続人に対する債務を負担させる方法である。賠償分割ともいう。

たとえば、上記の甲土地と乙土地を A が取得するかわりに、A が B に対して金銭債務を負担する場合が、代償分割の例である。

④の共有分割は、遺産の一部または全部を具体的相続分による物権法の共有とする方法をいう。

「遺産分割の方法」という用語は、以上のような具体的な分け方を指すのが通常です。しかし、論者によっては、遺産分割の手続（遺産分割協議・遺産分割審判など）を指して「遺産分割の方法」という場合もあります。そこで、混同を避けるために、以上のような具体的な分け方については、特に「具体的な遺産分割の方法」ということがあります（たとえば ➡ 137 ページエ）。

8 遺産分割の効力 ） Ａ

ア 遺産分割の遡及効

　遺産分割は、相続開始の時にさかのぼってその効力を生ずる（909 条本文）。この遺産分割の遡及効は、しっかりと覚えておこう。

　したがって、遺産分割によってある相続人が取得した権利は、相続の開始時からその相続人に帰属していたことになる。

　なお、遺産分割による財産の取得を第三者に対抗するための要件は、超重要基本事項である。後に詳しく説明する（➡ 154 ページ **9.**）。

イ 遡及効の制限

　もっとも、相続放棄の遡及効と異なり、遺産分割の遡及効は、第三者との関係で制限されうる（909 条ただし書）。

　この 909 条ただし書のいう「第三者」とは、相続開始後、遺産分割までの間に、共同相続人の持分について権利を取得した者をいう。遺産分割の遡及効を制限して第三者を保護するという同条ただし書の趣旨に照らし、遺産分割前の第三者に限られると解するわけである（➡物権法・担保物権法 52 ページ**ウ**）。

　また、909 条ただし書によって保護されるには、「第三者」の善意・悪意は問わないが、対抗要件の具備が必要である（通説）。

ウ 共同相続人間の担保責任

　以上の遡及効とは別の効果として、各共同相続人は、他の共同相続人に対して以下の担保責任を負う。

（ア）物または権利に関する不適合の担保責任

　まず、各共同相続人は、他の共同相続人に対して、売主と同じく、その相続分に応じて担保責任を負う（911 条）。

なお、この911条のいう「相続分」とは、法定相続分などを指すのではなく、不適合がなかったとしたならば遺産分割の結果として各共同相続人が取得したであろう財産の価額の割合を指すと解する見解が有力である。

> 　この担保責任の規定はわかりづらいので、具体例で説明しておきましょう。
> 　たとえば、Xが甲土地のみを残して死亡し、子A・B・CがXを相続したところ、A・B・Cの協議の結果、甲土地の評価額を2000万円としたうえでAが甲土地を単独で取得し、そのかわりにAがBとCに対して500万円ずつ支払うという内容の遺産分割協議が成立したとします。ところが、甲土地の一部が実は他人物であって、1200万円の価値しかなかったことが判明したとしましょう。
> 　この場合、A・B・Cは、不足分である800万円（甲土地の評価額2000万円と実際の価値1200万円の差額）について、各自の「相続分」に応じて担保責任を負うことになります（911条）。
> 　この点、甲土地が一部他人物でなかったならばAが取得したであろう財産の価額は差引き1000万円（2000万円－500万円×2）、B・Cが取得したであろう財産の価額はそれぞれ500万円ですから、各自の「相続分」は、1000万円：500万円：500万円＝2：1：1です。よって、B・Cはそれぞれ Aに対して200万円（800万円×1/4）の担保責任を負担し、A自身も400万円（800万円×1/2）を負担することになります。
> 　したがって、Aは、500万円の支払いが未了の場合はBとCに対してそれぞれ200万円の減額を請求し、500万円の支払いが完了している場合は200万円の損害賠償を請求することになるでしょう（911条・565条・563条1項、564条・415条）。

　なお、遺産分割協議の解除を認めない判例・通説（➡147ページエ）の立場からは、担保責任を理由とする遺産分割の解除は認められないと解するべきであろう。

（イ）その他の担保責任

　共同相続人の1人が遺産分割によって取得した債権の弁済を受けられなかった場合、他の共同相続人は、その相続分に応じ、遺産分割の時（弁済期に至らない債権や停止条件付きの債権については弁済をすべき時）における債務者の資力について担保責任を負う（912条1項、2項）。

　また、担保責任を負う共同相続人中に償還をする資力のない者があるときは、その償還することができない部分は、求償者および他の資力のある者が、それぞれその相続分に応じて分担することになる（913条本文）。ただし、求償者に過失があるときは、他の共同相続人に対して分担を請求することができない（同条ただし書）。

　これらの規定のいう「相続分」についても、911条の「相続分」（➡上記（ア））と同様に解されている。

（ウ）遺言による排除

以上の担保責任についての各規定は、被相続人の遺言によって排除することができる（914条）。

9　遺産分割の禁止　B

遺産分割は、①被相続人の遺言、②共同相続人間の契約、③家庭裁判所の審判のいずれかによって、一定の期間禁止されることがある。

ア　遺言による遺産分割の禁止

まず、被相続人は、遺言によって、相続開始から5年を超えない期間を定めて遺産分割を禁止することができる（908条1項）。

イ　契約による遺産分割の禁止

次に、共同相続人は、5年以内の期間を定めて、遺産の全部または一部の分割をしない旨の契約をすることができる（908条2項本文）。ただし、かかる「5年以内の期間」の終期は、相続開始の時から10年を超えることができない（同項ただし書）。

この契約による分割禁止の期間は、5年以内の期間を定めて更新することができる（908条3項本文）。ただし、かかる「5年以内の期間」の終期は、相続開始の時から10年を超えることができない（同項ただし書）。

ウ　審判による分割禁止

さらに、家庭裁判所は、特別の事由がある場合（たとえば、親子関係の存否の争いの結論を待つべき場合）は、5年以内の期間を定めて、遺産の全部または一部について分割を禁ずる旨の審判をすることができる（908条4項本文）。ただし、かかる「5年以内の期間」の終期は、相続開始の時から10年を超えることができない（同項ただし書）。

家庭裁判所は、この審判による分割禁止の期間につき、5年以内の期間を定めて更新することができる（908条5項本文）。ただし、かかる「5年以内の期間」の終期は、相続開始の時から10年を超えることができない（同項ただし書）。

9. 相続と対抗要件—899条の2

　相続による権利の承継の対抗要件については、899条の2が適用される。この規定はきわめて重要である。

1 899条の2第1項の「相続分」の意義　A⁺

　899条の2第1項は、相続による権利の承継は、「次条及び第901条の規定により算定した相続分」を超える部分については、登記等の対抗要件を備えなければ第三者に対抗することができない旨定めている。

　この規定のいう「次条及び第901条の規定により算定した相続分」とは、法定相続分という意味である。しっかりと覚えておこう。

　したがって、相続によって権利を承継した相続人は、その法定相続分を超える部分については、登記等の対抗要件を備えなければ、その取得を第三者に対抗することができない（899条の2第1項）。

　逆に、法定相続分を超えない部分については、登記等の対抗要件の具備は不要と解されている（899条の2第1項反対解釈）。

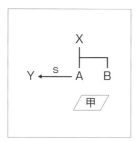

　たとえば、甲土地を残してXが死亡し、子A・BがXを相続した場合、A・Bはそれぞれ甲土地の共有持分2分の1を取得するが（898条2項）、A・Bは、かかる持分の取得を登記なくして第三者に対抗することができる。その後にAが勝手に甲土地全体をYに譲渡したとしても、Bは登記なくして2分の1の持分をYに対抗することができるわけである（➡物権法・担保物権法51ページ**イ**）。

> 　ちなみに、899条の2第1項は、『法定相続分を超える部分に対応する対抗要件（超える部分だけの対抗要件）を備えれば、取得した権利の全体について第三者に対抗することができる』という趣旨を含むものではありません。法定相続分を超える権利の取得を第三者に対抗するためには、その取得した権利の全体について、対抗要件を備えることが必要なのです。この点は誤解しやすいので注意が必要です。

たとえば、Xが甲土地だけを残して死亡し、子A・B・Cが共同相続したところ、Aが甲土地を単独で取得し、B・Cは何も取得しないとの遺産分割協議が成立したとします。この場合、Aは、法定相続分を超える部分である2/3の持分の取得についてだけ登記を備えればよい、というわけではありません。第三者に2/3の持分の取得を対抗するためには、甲土地全体の登記を備える必要があるのです。

2　相続放棄と899条の2第1項の「相続分」　🅐　➡論証15

　共同相続人の1人が相続放棄をした場合に、899条の2第1項のいう「相続分」（法定相続分）についてどのように考えるべきかが問題となる。

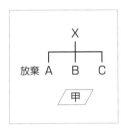

　　たとえば、Xの子A・B・Cが甲土地を共同相続したところ、Aが相続を放棄したとする。この場合、B・Cの甲土地の持分は、それぞれ3分の1から2分の1に増加するが、この2分の1の持分の取得は、B・Cの「相続分」を超えない取得となるのだろうか。それとも、「相続分」を超える取得となるのだろうか。

　通説は、899条の2第1項との関係でも、相続放棄の遡及効（939条）を徹底する（➡116ページ中央のコラム参照）。すなわち、899条の2第1項のいう「相続分」とは、相続放棄を受けて定まる相続分をいうと解していくわけである。

　上記の例でいえば、B・Cの2分の1の持分の取得は、Aの相続放棄を受けて定まるB・Cの法定相続分の範囲内の取得であるから、B・Cの「相続分」を超えない取得ということになる。したがって、B・Cは、2分の1の持分の取得について、登記を具備しなくても第三者に対して対抗することができる。

3　承継の原因と899条の2　🅐

　899条の2は、「相続による権利の承継」について適用される。

ア　遺産分割による承継

　この「相続による権利の承継」には、遺産分割による権利の取得が含まれる。このことは、899条の2第1項が「遺産の分割によるものかどうかにかかわらず」としていることからも明らかである。

　したがって、遺産分割によって、法定相続分を超える財産を取得した相続人

は、対抗要件を備えなければその取得を第三者に対抗することができない。

イ　特定財産承継遺言による取得

　特定の相続財産を共同相続人の1人または数人に承継させる旨の遺言を、特定財産承継遺言という（1014条2項前段）。

　この特定財産承継遺言による財産の取得も、「相続による権利の承継」にあたるため、899条の2第1項が適用される（1014条2項後段参照）。

　したがって、たとえばXが甲土地を残して死亡し、子A・BがXを相続したところ、「甲土地を子Aに相続させる」とのXの遺言があった場合、Aがこの遺言による甲土地の取得を第三者に対抗するには、登記を備えなければならない。

　以上の特定財産承継遺言については、遺言の箇所で再び説明する（➡ 194ページ **3**）。

4　債権の承継の対抗要件　B

　相続による債権の承継の対抗要件については、特に899条の2第2項が定められている。その趣旨ないし内容は、以下のとおりである。

　たとえば、Xが死亡し、その相続人Aが法定相続分を超えて債権を承継したとする。この場合、899条の2第1項からすれば、Aは債権譲渡の対抗要件（467条）を具備する必要がある。

　この点、債権譲渡の対抗要件たる債務者への通知を行うべき者は、本来は債権譲渡の譲渡人と同じ立場に立つ被相続人Xである。ところが、Xはすでに死亡しているため、Xの地位を承継した共同相続人全員が、債務者に対する通知を行うということになるはずである。

　しかし、この原則を貫くと、共同相続人の中に非協力的な者がいる場合、債権を承継したAは対抗要件を具備することができなくなってしまう。

　そこで、899条の2第2項は、467条の原則を修正し、債権の譲受人と同じ立場に立つ債権を承継した相続人が、①遺言によって債権を取得した場合はその遺言の内容を、②遺産分割によって債権を承継した場合はその遺産分割の内容を、それぞれ明らかにして債務者にその承継の通知をすれば、共同相続人全員が債務者に通知をしたものとみなし、対抗要件を具備したものとみなす旨定

めているのである。

10. 配偶者の居住権

被相続人の配偶者の居住権については、①配偶者居住権（1028 条以下）と②配偶者短期居住権（1037 条以下）が定められている。

両者は、名称は似ているものの、全く別の権利である。以下、順に説明しよう。

	配偶者居住権	配偶者短期居住権	建物の賃借権
発生要件	相続開始時の居住＋遺産分割・遺贈・死因贈与 ※持戻し免除の意思表示が推定される	相続開始時の居住	賃貸借契約
賃料支払義務	なし（無償）		あり（有償）
存続期間	原則：終身（1030 本） 例外：別段の定めがある場合（1030 但）	最短でも相続開始から6 か月（1037 Ⅰ）	合意による （なお借 29 Ⅱ参照）
対抗要件	登記 （1031 Ⅱ・605）	なし	登記（605） または引渡し（借 31）
妨害停止請求・返還請求	可 （1031 Ⅱ・605 の 4）	不可	可（605 の 4）
第三者の使用・収益	承諾があれば可 （1032 Ⅲ）	承諾があれば使用は可（1038 Ⅱ） 収益はおよそ不可（1037 Ⅰ本参照）	承諾があれば可 （612 Ⅰ）
消滅請求	催告が必要（1032 Ⅳ）	催告は不要 （1038 Ⅲ）	―
権利の譲渡	およそ不可（1032 Ⅱ、1041）		承諾があれば可 （612 Ⅰ）
修繕	配偶者が行う（1033 参照、1041）		賃貸人が行う（606 Ⅰ）
通常の必要費	配偶者が負担（1034 Ⅰ、1041）		賃貸人が負担（608 Ⅰ）
配偶者・借主の死亡	終了（1030 本、1041・597 Ⅲ）		存続

1 配偶者居住権) B

ア 意義

　配偶者居住権とは、被相続人の配偶者が、相続開始時に居住していた被相続人所有の建物を、原則として終身の間、無償で使用・収益する権利をいう。

　この配偶者居住権は、被相続人の配偶者が相続開始時に居住していた被相続人所有の建物の権利関係を①所有権と②配偶者居住権に分解し、配偶者が②配偶者居住権のみを取得することを可能にすることによって、配偶者の居住環境や生活の安定を図るための制度である。

　配偶者居住権の趣旨について、もう少し敷衍しておきましょう。

　被相続人が死亡した場合、かかる被相続人の配偶者が従来から居住していた被相続人所有の建物にそのまま住み続けることができるようにするための方法としては、たとえば配偶者が遺産分割によって当該建物の所有権を取得するという方法が考えられます。しかし、建物は高額であることが多いため、配偶者が遺産分割によって建物の所有権を取得すると、配偶者が他に得られる相続財産（たとえば金銭）はきわめて少なくなったり、ゼロもしくはマイナスになる（他の相続人に対して金銭債務を負担する）ということになりかねず、配偶者のその後の生活が困窮することになりかねません。

　また、配偶者は建物を取得せず、当該建物の所有者となった者と賃貸借もしくは使用貸借を締結するという方法も考えられますが、賃貸借の場合は必ず賃料債務が発生してしまいますし、使用貸借の場合は配偶者の権利はきわめて弱いものになってしまいます。

　そこで、居住していた建物の権利関係を①所有権と②配偶者居住権に分解し、①の所有権は他の相続人が取得するものとし、配偶者は②の配偶者居住権という賃借権類似の──しかし目的物を無償で使用・収益できる──権利を取得するという方法を、民法は認めました。建物の価値に比べれば、配偶者居住権の価値の方がもちろん低額ですから、配偶者居住権を取得した配偶者は、他の相続財産も取得できる可能性が高まります。そしてその結果、配偶者の生活の安定が確保される可能性が高まるというわけなのです。

イ 要件

　配偶者居住権が発生するには、次の2つの要件の充足が必要である。特に②の要件は意識して覚えておこう。

①配偶者が相続開始時に被相続人所有の建物に居住していたこと（1028条1項柱書本文）

②その建物について配偶者に配偶者居住権を取得させる旨の遺産分割（1028条1項1号）、被相続人による遺贈（同項2号）、被相続人による死因贈与（554条・1028条1項2号）のいずれかがされたこと

②の要件について、4点補足する。

第1に、1028条1項各号は死因贈与をあげていないが、死因贈与には遺贈に関する規定が準用されるため（554条）、死因贈与によって配偶者居住権を取得させることも可能である。

第2に、特定財産承継遺言（➡ 193ページ **1**以下）によって、配偶者に配偶者居住権を取得させることはできない（1028条1項各号参照）。仮に特定財産承継遺言による取得を認めると、配偶者居住権の取得を希望しない配偶者は相続放棄をするほかないこととなり、かえって配偶者の利益を害するから、というのがその理由である（遺贈による場合については ➡ 190ページ**イ**参照）。

第3に、配偶者居住権が遺贈または死因贈与の対象とされた場合は、持戻し免除の意思表示が推定される（1028条3項・903条4項。持戻し免除の意思表示については ➡ 127ページ（**カ**））。これは覚えておこう。

第4に、遺産分割によって配偶者に配偶者居住権を取得させる場合の遺産分割の手続は、遺産分割協議・遺産分割調停・遺産分割審判のいずれであってもよい。ただし、遺産分割審判による場合は、共同相続人の間で配偶者に配偶者居住権を取得させることについて合意が成立していること（1029条1号）、もしくは配偶者からの希望の申出および配偶者居住権が特に必要であること（同条2号）が必要となる。

なお、配偶者居住権は、被相続人と第三者との共有建物については成立させることができない（1028条1項ただし書）。このような場合にまで配偶者居住権の成立を認めると、第三者たる他の共有者の利益が不当に害されるおそれがあるからである。

ウ　内容

（ア）無償

配偶者居住権は無償の権利であり、配偶者は賃料に相当する金銭の支払義務を負わない。

（イ）存続期間

配偶者居住権は、原則として終身の権利であり（1030条本文）、配偶者が死亡するまで存続する。

ただし、遺産分割協議や遺産分割審判、被相続人の遺言で、存続期間を定

めることもできる（1030 条ただし書）。この場合は、その存続期間の満了によって配偶者居住権は消滅する。

（ウ）対抗要件と妨害停止請求権・返還請求権

配偶者居住権は、登記することが可能である。

登記を備えると、第三者に対する対抗力が生じ（1031 条 2 項・605 条）、また、賃借権と同様に、配偶者居住権に基づく妨害停止請求や返還請求が認められることになる（1031 条 2 項・605 条の 4 ）。

建物の所有者は、配偶者居住権の設定の登記を備えさせる義務を負う（1031 条 1 項）。

> 建物賃借権とは異なり、配偶者居住権には、引渡しによる対抗要件具備（借地借家法 31 条）は認められていません。
> これは、配偶者はすでに当該建物に居住しているため（1028 条 1 項柱書本文）、仮に引渡しを対抗要件として認めてしまうと、外観上は一切変化がないにもかかわらず対抗要件が具備されることになり、公示手段としてきわめて不適切だからです。

（エ）配偶者の善管注意義務等と所有者の消滅請求権

配偶者は、善管注意義務を負う（1032 条 1 項）。

また、所有者の承諾がなければ、建物を増改築したり、第三者に使用・収益させることはできない（1032 条 3 項）。逆にいえば、所有者の承諾があれば、建物を増改築したり、第三者に使用・収益させることができる。

配偶者が以上の善管注意義務に違反したり、所有者の承諾なく増改築をしたり、所有者の承諾なく第三者に使用・収益させたりした場合は、所有者は、是正の催告をしたうえで、意思表示によって配偶者居住権を消滅させることができる（1032 条 4 項）。

（オ）譲渡の禁止

配偶者居住権は、法律婚の配偶者にのみ認められる帰属上の一身専属権であり、配偶者居住権の譲渡はおよそ認められない（1032 条 2 項）。

（カ）修繕と費用負担

配偶者は、使用・収益に必要な修繕をすることができる（1033 条）。

また、配偶者は、居住建物や敷地の固定資産税などの通常の必要費を負担する（1034 条 1 項）。通常の必要費以外の費用については、所有者に対してその償還を請求することができるが（同条 2 項・583 条 2 項）、所有者が建物の返還を受

けた時から1年で除斥期間が満了する（1036条・600条1項）。

エ　配偶者居住権の消滅

配偶者居住権は、以下の事由により消滅する。

①配偶者の死亡（1030条本文）

②存続期間を定めた場合の存続期間の満了（1030条ただし書 ➡ 159ページ
（イ））

③善管注意義務違反などがあった場合の所有者の消滅請求（催告を要する。
1032条4項 ➡ 前ページ（エ））

④目的物の全部滅失（1036条・616条の2）

配偶者居住権が消滅した場合、配偶者またはその相続人は、原則として居住
建物を所有者に返還しなければならない（1035条1項）。この場合、返還義務者
は原状回復義務を負う（同条2項・559条1項、2項、621条）。

2　配偶者短期居住権　Ｂ

ア　意義

配偶者短期居住権とは、被相続人の配偶者が、相続開始時に無償で居住し
ていた被相続人所有の建物を、短期間、無償で使用する権利をいう。

この配偶者短期居住権は、被相続人や相続人の意思にかかわらず、配偶者
の短期的な居住権を保護するために認められた権利である。

イ　要件

配偶者短期居住権は、被相続人の配偶者が、被相続人所有の建物に相続開
始時に無償で居住していた場合に、法律上当然に発生する（1037条1項柱書本
文）。配偶者居住権と異なり、その発生に遺産分割や遺贈、死因贈与は不要で
ある。この点は覚えておこう。

ただし、配偶者が、①相続開始時に配偶者居住権を取得したときや、②相続
欠格または廃除により相続権を失ったときは、配偶者短期居住権は発生しない
（1037条1項柱書ただし書）。このような場合にまで、建物の所有者の所有権を
制限して配偶者の居住を保護するのは妥当でないからである。

他方で、配偶者が相続を放棄した場合であっても、配偶者短期居住権は認められる。この場合は、なお配偶者の居住の保護の必要性が認められるからである。

　配偶者が居住建物の一部のみを無償で使用していた場合は、当該一部のみが配偶者短期居住権の対象となる（1037条1項柱書本文第3かっこ書）。たとえば、二世帯住宅の1階部分のみを使用していた場合は、その1階部分についてのみ配偶者短期居住権の対象となるわけである。

ウ　内容

（ア）無償

　配偶者短期居住権は、配偶者居住権と同様に無償の権利である。

（イ）存続期間

　配偶者短期居住権の存続期間は、「居住建物について配偶者を含む共同相続人間で遺産の分割をすべき場合」（1037条1項1号）か否かで異なる。

　まず、「居住建物について配偶者を含む共同相続人間で遺産の分割をすべき場合」、すなわち配偶者が居住建物について遺産共有持分を有している場合は、①遺産分割で居住建物の帰属が確定した日、または②相続開始時から6か月を経過する日の、いずれか遅い日までが、配偶者短期居住権の存続期間となる（1037条1項1号）。

　次に、配偶者が居住建物について遺産共有持分を有しない場合（たとえば、配偶者以外の相続人や第三者に居住建物が遺贈された場合や、配偶者が相続を放棄した場合など）は、居住建物取得者による配偶者短期居住権の消滅の申入れ（1037条3項）の日から6か月を経過する日までが、配偶者短期居住権の存続期間となる（同条1項2号）。

　したがって、配偶者短期居住権が成立する場合は、最短でも相続開始から6か月間は配偶者短期居住権が認められることになるわけである。

（ウ）対抗力なし

　配偶者短期居住権は、第三者に対する対抗力がなく、対抗要件を具備することもできない。

（エ）善管注意義務等と消滅請求

　配偶者は、居住建物の使用につき、善管注意義務を負う（1038条1項）。

また、配偶者は、居住建物取得者の承諾を得なければ、居住建物を第三者に使用させることができない（1038条2項）。

　配偶者が、善管注意義務に違反したり、居住建物取得者の承諾なく居住建物を第三者に使用させた場合は、居住建物取得者は、当該配偶者に対する意思表示によって配偶者短期居住権を消滅させることができる（1038条3項）。配偶者居住権の場合と異なり、催告は不要である。

（オ）収益の禁止と譲渡の禁止

　配偶者短期居住権は、配偶者居住権とは異なり、あくまでも居住建物を使用する権利であるにとどまる。したがって、居住建物を第三者に賃貸するなどの収益をすることは一切できない（1037条1項本文参照）。

　また、配偶者短期居住権の譲渡はおよそ認められない（1041条・1032条2項）。この点は配偶者居住権と同様である。

（カ）修繕と費用負担

　居住建物の修繕や費用負担については、配偶者居住権の規定が準用される（1041条・1033条、1034条）。

エ　配偶者短期居住権の消滅

　配偶者短期居住権は、次の場合に消滅する。

①存続期間の満了（1037条1項）

②配偶者が善管注意義務などに違反した場合の居住建物取得者による消滅
　請求（1038条3項。配偶者居住権とは異なり催告は不要➡前ページ（エ））

③配偶者居住権の取得（1039条）

④配偶者の死亡（1041条・597条3項）

⑤目的物の全部滅失（1041条・616条の2）

　配偶者短期居住権が消滅した場合、配偶者またはその相続人は、原則として、居住建物を返還しなければならない（1040条1項本文）。この場合、返還義務者である配偶者またはその相続人は、原状回復義務を負う（同条2項・559条1項、2項、621条）。

　ただし、配偶者が配偶者居住権を取得したために配偶者短期居住権が消滅した場合（➡上記③）は、もちろん建物の返還は不要である（1040条1項本文）。

また、配偶者短期居住権を失った配偶者が、居住建物について共有持分を有する場合は、居住建物取得者は、配偶者短期居住権が消滅したことを理由として居住建物の返還を求めることができない（1040条1項ただし書）。この場合は、配偶者は共有持分に基づく占有権原を有するからである。

3　配偶者以外の者の居住権の保護 🅱

　以上の配偶者の居住権に関連する事項として、配偶者以外の者の居住権の保護についても説明しておこう。

ア　共同相続人の1人の居住権 ➡論証16

　たとえば、Xの子Aが、Xの許諾を得てXの所有する建物に無償でXと同居していたところ、Xが死亡し、子A・B・CがXを相続したとする。

　この場合、Aは従来どおり無償で当該建物に居住し続けることができるのだろうか。

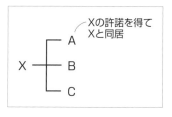

　まず、B・Cは、Aに対して建物の明渡しを請求することは当然にはできない。この点は、物権法で学んだとおりである（➡物権法・担保物権法119ページ **4**）。

　問題は、AがB・Cに対して、持分を超えた使用の対価を償還する義務（249条2項）を負うか否かである。

　判例は、かかる義務を否定する。

　すなわち、「共同相続人の1人が相続開始前から被相続人の許諾を得て遺産である建物において被相続人と同居してきたとき」は、「特段の事情のない限り、被相続人と右同居の相続人との間において、被相続人が死亡し相続が開始した後も、遺産分割により右建物の所有関係が最終的に確定するまでの間は、引き続き右同居の相続人にこれを無償で使用させる旨の合意があったものと推認される」とし、「被相続人が死亡した場合は、この時から少なくとも遺産分割終了までの間は、被相続人の地位を承継した他の相続人等が貸主となり、右同居の相続人を借主とする右建物の使用貸借契約関係が存続することになる」と解していくのである（**最判平成8・12・17百選Ⅲ63**）。

この判例は、249条2項が制定されるよりも前に出された判例であるが、現在の同項を前提とすれば、「別段の合意がある場合」（同項）にあたり、したがって持分を超えた使用の対価を償還する義務が否定されるということになろう。

　上記の事例でも、被相続人Xと同居の相続人Aとの間で、少なくとも遺産分割の終了までは当該建物を使用貸借に供する旨の合意があったと推認されるところ、この合意が相続人であるB・Cにも承継されることになるため、A・B・C間で「別段の合意」（249条2項）があることになり、Aの対価償還義務が否定されることになろう。

イ　内縁配偶者の居住権

　では、被相続人と同居していた内縁配偶者についてはどうだろうか。

　判例は、被相続人と内縁配偶者が建物を共有していた事案において、「内縁の夫婦が共有する不動産を居住又は共同事業のために共同で使用してきたとき」は、「特段の事情のない限り、両者の間において、その一方が死亡した後は他方が右不動産を単独で使用する旨の合意が成立していたものと推認するのが相当」であるとし、共有者間の「合意が変更され、又は共有関係が解消されるまでの間」は、内縁配偶者は共有物を単独で無償使用することができるものとしている（最判平成10・2・26民集52-1-255）。

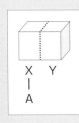

　たとえば、内縁にあるXとYが共有する建物に同居していた場合は、特段の事情のない限り、一方が死亡した場合の使用貸借の合意が成立していたものと推認されます。
　したがって、Xが死亡しXの子AがXを相続した場合、当該建物はAとYの共有となるところ、Xの地位を承継したAとYとの間で使用貸借という「別段の合意」（249条2項）があるということになりますから、共有者であるA・Y間でその合意が変更されたり、A・Yの共有関係が解消されたりするまでの間は、Yは当該建物を単独で無償使用することができるということになるわけです。

11. 相続回復請求権

1 意義 B+

　相続人ではないにもかかわらず、相続人と称して相続財産の全部または一部を占有し、相続権を侵害している者を、表見相続人という。

　たとえば、法律上は相続人ではないのに戸籍上は相続人とされている者（いわゆる「藁の上からの養子」や無効な縁組による養子など）が相続財産を占有している場合や、相続欠格者（➡106ページ **2**）が相続財産を占有している場合、これらの者は表見相続人にあたる。

　そして、かかる表見相続人に対して、真の相続人（真正相続人）は、相続財産の回復を請求することができる。この真正相続人の権利を、相続回復請求権という。

　相続回復請求権を直接定めた明文はないが、884条は相続回復請求権の存在を前提としている。

2 期間制限 B+

　相続回復請求権は、①相続人またはその法定代理人が相続権を侵害された事実を知った時から5年、および②相続開始の時から20年の期間制限に服する（884条）。この期間制限はできれば覚えておこう。

　①の「相続権を侵害された事実を知った時」とは、自分が相続人であること、および相続から除外されていることを知った時という意味である（大判明治38・9・19民録11-1210）。

　5年の期間制限の法的性質は、884条の文言どおり消滅時効である。

　20年の期間制限の法的性質については争いがある。多数説は除斥期間と解しているが、判例は消滅時効と解している（最判昭和23・11・6民集2-12-397）。

3 法的性質 B

　相続回復請求権の法的性質については、争いがある。

ア　独立権利説

　第1の見解は、相続回復請求権は、個々の財産に関する個別的な請求権とは異なる独立の権利であり、相続財産を包括的に回復する権利であるとする。この見解は、独立権利説とよばれる。

　この独立権利説からは、884条は、①期間制限によって相続財産に関する権利関係を早期に安定させるとともに、②請求の対象を特定しないで訴訟を提起し強制執行をすることを可能ならしめる趣旨の規定でもあると理解することになる。

イ　集合権利説

　第2の見解は、相続回復請求権は、相続財産中の個々の財産に関する個別的な請求権の集合体であるとする。この見解は、集合権利説とよばれる。

　この集合権利説からは、884条は、期間制限によって相続財産に関する権利関係を早期に安定させる趣旨の規定であると理解することになる。

ウ　検討

　詳しくは民事訴訟法や民事執行法で学ぶが、現在の訴訟ないし強制執行制度では、請求の対象を特定しないで訴訟を提起したり強制執行をしたりすることは不可能である。したがって、集合権利説が妥当である。

　判例も、かつては独立権利説をとっていたものの、現在では集合権利説を基本としていると解されている。

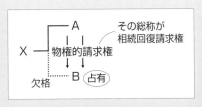

　集合権利説の内容について、補足しておきます。

　たとえば、土地と建物を残してXが死亡し、AがXを相続したところ、土地と建物を相続欠格者であるBが占有しているとします。この場合、相続人であるAは、Bに対して、土地の所有権に基づく返還請求権や、建物の所有権に基づく返還請求権という、個別的な請求権を有しています。そして、集合権利説は、884条の相続回復請求権は、これらの個別的な請求権と異なる権利なのではなく、これらの権利の集合体——いわば総称——であると解していきます。

　そして、その結果、884条は、本来は消滅時効にかからない物権的請求権の消滅時効を認め、もって相続財産に関する権利関係を早期に安定させるという趣旨の規定であると解するこ

とになるわけです。

　ちなみに、相続財産に関する権利関係を早期に安定させるという要請は、戦前の家制度を背景としたものであり、家制度が廃止された現在においては**884条の合理性には強い疑問**があるといわれています。そのため、884条の適用範囲については、下記**4**以下で説明するとおり、**限定的に解釈**されていくことになります。

4　884条の適用範囲　Ｂ

ア　請求権者

　相続回復請求権の請求権者は、相続権侵害を受けている真正相続人またはその法定代理人である（884条）。

　また、真正相続人からの相続分の譲受人や包括受遺者、遺言執行者も、請求権者にあたる。

　他方で、真正相続人からの特定承継人は、請求権者ではない（最判昭和32・9・19民集11-9-1574）。真正相続人からの特定承継人による請求は、884条の期間制限に服さないわけである。

イ　相手方

　相続回復請求権の相手方は、表見相続人である（884条）。いいかえれば、表見相続人に対する相続回復請求権は、884条の期間制限に服するわけである。

　表見相続人の相続人も、相続回復請求権の相手方となる（大判昭和10・4・27民集14-1009）。

　他方で、表見相続人からの転得者（特定承継人）は、相続回復請求権の相手方ではなく、884条は適用されない（大判大正5・2・8民録22-267）。

ウ　共同相続人間の争い　➡論証17

　884条の適用範囲について、最も重要な問題となるのが、共同相続人間の争いへの884条の適否である。

（ア）事例

　たとえば、Xが死亡し、子A・B・CがXを相続したとする。ところが、A・Bは、Cの存在を無視して、相続財産中の2つの不動産につき、それぞれ相続によりA・Bが取得したとして、相続を原因とする単独名義の所有権移転登記

を経由したとしよう。

Cは、A・Bによるこのような相続権侵害の事実を知ってから7年後に、各不動産に3分の1の共有持分権を有することを理由として、A・Bの移転登記の抹消を請求した。このCの請求に対し、A・Bは、Cの相続回復請求権は884条が定める短期消滅時効によって消滅していると主張した。このA・Bの主張は認められるだろうか。

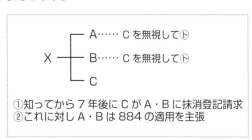

（イ）判例

判例は、①共同相続人の一部の者が相続分を超えて相続財産を占有支配している場合についても884条が適用されるとしつつも、②その者が他の共同相続人の存在について善意であり、かつ善意であることにつき合理的な事由がある場合に限って、884条の消滅時効を援用することができるとしている（**最大判昭和53・12・20百選Ⅲ100**、最判平成11・7・19民集53-6-1138）。

この判例によれば、上記の事例でも、A・BがCの存在について善意であり、かつ善意であることにつき合理的な事由がある場合に限って、A・Bは884条の短期消滅時効を援用することができる。

ちなみに、一般に各共同相続人は共同相続人の範囲を知っているのが通常です。したがって、共同相続人が他の共同相続人の存在について善意であり、しかも善意であることにつき合理的な事由があるという判例の要件を満たすことができるのは、きわめて特殊な場合に限られます。たとえば、Cがいわゆる「藁の上からの養子」として他人の実子として届けられていた場合や、死後認知によって新たに相続人となったような場合などに限られることになるでしょう。

5 表見相続人による取得時効の援用の可否 **B** →論証18

884条の期間制限による消滅とは別に、個々の相続財産に対する表見相続人の取得時効が完成している場合に、表見相続人が取得時効を援用することがで

きるかという問題がある。

ア　事案

　たとえば、Xが死亡し、子A・B・CがXを相続したとする。その後、遺産分割協議によって、Xの遺産のうち甲土地はAが取得することになったため、Aは甲土地の登記を備え、善意無過失で甲土地の占有を開始したとしよう。

　ところが、甲土地の占有の開始から15年後、実はAは産院で他の新生児と取り違えてXに引き渡された子であり、Xの子ではないことが判明したため、親子関係不存在確認の訴えが提起され、X・A間の親子関係の不存在が確定した。その直後、B・CはAに対して甲土地の所有権移転登記の抹消と明渡しを求める訴えを提起した。

　この場合、Aは表見相続人にあたるが、B・CはAによって相続権を侵害された事実を知って直ちにAに対して訴えを提起しているため、Aは884条の短期消滅時効を援用することはできない。そこで、Aは、甲土地の取得時効（162条2項）を援用する旨主張したとする。

　仮にこの取得時効の援用が認められるとすれば、B・Cの相続回復請求権は消滅することになる。はたして、このAによる甲土地の取得時効の援用は認められ、B・Cの請求は棄却されることになるのだろうか。

イ　検討

　古い判例には、表見相続人の取得時効を否定したものがあるが（大判昭7・2・9評論7-165。ただし家督相続の事案）、現在の多数説は表見相続人の取得時効の援用を肯定する。

　取得時効の援用を否定すると、884条は取得時効による法的安定・取引安全に反する機能を果たすことになるが、これを正当化するだけの政策的理由が884条にあるとはいいがたい（➡ 167ページのコラム参照）。取得時効の援用を肯定する多数説が妥当であろう。

12. 財産分離

財産分離の制度は、試験との関係での重要性は低い。

以下の内容は、時間のあるときに一読しておけば十分である。

1 意義　B⁻

　財産分離とは、相続開始後に、相続債権者・受遺者・相続人の債権者の請求により、相続財産と相続人の固有財産を分離し、相続財産を清算する裁判上の処分をいう。

相続債権者と相続人の債権者は、言葉は似ていますが別の概念です。

　すなわち、相続債権者とは被相続人に対する債権を有していた者をいうのに対し、相続人の債権者とは相続人に対してもともと債権を有している者をいいます。

　たとえば、Ｘが死亡してＹがＸを相続した場合、死亡した被相続人Ｘの債権者だったＰが相続債権者、相続人であるＹに対してもともと債権を有しているＱが相続人の債権者です。

2 種類と請求権者　B⁻

　財産分離には、第1種財産分離（941条）と第2種財産分離（950条）がある。

ア 第1種財産分離

　第1種財産分離は、相続財産は消極財産よりも積極財産の方が多い場合に、債務超過の相続人が単純承認をすることによって相続債権者や受遺者が不利益を受けてしまうという事態を防ぐための制度である。

　この第1種財産分離は、相続債権者または受遺者が、相続開始の時から3か月以内に、または相続財産が相続人の固有財産と混合しない間に、家庭裁判所に請求することによって行われる（941条）。

　たとえば、被相続人Ｘが残した相続財産が1000万円の現金と300万円の債務だった場

イ　第2種財産分離

　第2種財産分離は、相続財産が債務超過であるにもかかわらず、相続人が相続放棄や限定承認をしない場合に、相続人の債権者が不利益を受けてしまうのを防ぐための制度である。

　この第2種財産分離は、相続人の債権者が、相続人が限定承認をすることができる間、または相続財産が相続人の固有財産と混合しない間に、家庭裁判所に請求することによって行われる（950条）。

3　効果　B⁻

　財産分離の審判が確定すると、公告（941条2項、950条2項・927条）の後、相続債権者や受遺者は、相続人の債権者に優先して、相続財産から弁済を受ける（942条、947条2項、950条2項・929条）。

　相続債権者が相続財産から全額の弁済を受けられなかった場合は、相続人の固有財産からも弁済を受けることができるが、この場合は、相続債権者は相続人の債権者に劣後する（948条、950条2項）。

13. 相続人の不存在

1 意義) B

　ある者が死亡した場合において、その者の相続人が存在するか否かが不明な場合がある。

　そのような場合は、相続財産は法人とされる（951条）。この法人を、相続財産法人という。

　そして、利害関係人または検察官の請求により、家庭裁判所が相続財産清算人（令和3年改正前の用語では相続財産管理人）を選任すると（952条1項）、その相続財産清算人が相続財産の管理・清算手続および相続人の捜索を行うことになる。

　この制度を、相続人の不存在の制度という。

2 要件) B

ア　相続人のあることが明らかでないとき

　以上の相続人の不存在の制度は、「相続人のあることが明らかでないとき」（951条）に機能する。

　「相続人のあることが明らかでないとき」とは、①戸籍上の相続人がいないことが明らかな場合や、②戸籍上の相続人の全員が相続欠格や廃除、相続放棄により相続権を失った場合をいう。

　ただし、①の例外として、相続財産全部の包括受遺者がいるときは、「相続人のあることが明らかでないとき」にはあたらないとするのが判例である（最判平成9・9・12民集51-8-3887）。包括受遺者は相続人と同一の権利・義務を有するから（990条）、というのがその理由である（包括遺贈につき➡191ページ**5**）。

イ　利害関係人または検察官の請求

　また、家庭裁判所が相続財産清算人を選任するためには、利害関係人または検察官の請求が必要である（952条1項）。

請求権者たる利害関係人としては、たとえば相続債権者や相続債務者、受遺者、特別縁故者として分与を請求する予定の者（➡下記**4**）などがこれにあたる。

3　清算手続　B

　家庭裁判所により選任された相続財産清算人は、相続財産の清算手続を行っていく。

　たとえば、請求の申出をすべき期間内に申出をした（または相続財産清算人に知れている）相続債権者や受遺者などに対し、相続財産から弁済を行うことになる（957条2項・929条から931条）。

　なお、受遺者への弁済は、上記の相続債権者に対する弁済をした後でなければ、行うことができない（957条2項・931条）。受遺者の地位は相続債権者に劣後するわけである。これは、被相続人が遺贈によって債権者を害することを防止するために定められた規定である。

4　特別縁故者への相続財産の分与　B⁺

　上記**3**で述べた清算手続を経ても、なお相続財産が残っている場合は、家庭裁判所は、特別縁故者の請求によって、その特別縁故者に相続財産の全部または一部を帰属させることができる（958条の2第1項。期間制限につき同条2項）。このことは覚えておこう。

　特別縁故者とは、「被相続人と生計を同じくしていた者、被相続人の療養看護に努めた者その他被相続人と特別の縁故があった者」をいう（958条の2第1項）。たとえば、被相続人の内縁配偶者がその典型である。

　なお、共有者のうちの1人が死亡し、その者に相続人がいない場合は、共有の弾力性を定めた255条（➡物権法・担保物権法116ページ**4**）ではなく、以上の958条の2が優先適用される（最判平成元・11・24百選Ⅲ57）。

5　国庫への帰属　B⁻

　期間内に特別縁故者が現れなかった場合や、特別縁故者に相続財産の一部だけ与えたために相続財産が残っている場合は、相続財産は国庫に帰属する（959条）。

第 **3** 章

遺言

相続法総論（➡99ページ）で述べたとおり、被相続人が生前に遺言というかたちで自らの死亡後の財産の承継についての意思表示をしていた場合は、被相続人の財産は原則としてその遺言に従って承継されることになる。ここまで学んできた法定相続のルールは、原則として遺言がない場合に補充的に機能するルールであるにとどまる（**最大決平成25・9・4百選Ⅲ59**）。

遺言の内容として最も重要なのは、遺産分割の方法の指定と遺贈である。しかし、学習効率の観点から、以下では遺言に関する総論的な内容についてまず説明し（➡下記**1.**および**2.**）、その後に遺言各論として遺贈と遺産分割の方法の指定を説明する（➡下記**3.**および**4.**）。そして、最後に遺言の自由に対する制限である遺留分について説明する（➡下記**5.**）。

1. 遺言総論その1──性質・要件・効果等

1 遺言の性質 A

遺言は、相手方のない単独行為であり、民法に定められた方式で行わなければならない要式行為である（960条）。

また、遺言は遺言者本人の意思によることを要し、代理人による遺言は一切認められない。たとえば、弁護士等の専門家に相談しながら遺言の内容を決める場合であっても、遺言は弁護士等の代理人名義ではなく、遺言者本人の名義で行わなければならない。

2　遺言能力 〔A〕

有効に遺言をするには、遺言能力が必要である。

遺言能力は、15 歳以上の者に認められる（961 条）。イゴンと覚えておこう。

遺言には、行為能力の規定は適用されない（962 条）。したがって、制限行為能力者であっても、15 歳以上であれば、自ら単独で遺言をすることができる。ただし、事理弁識能力ないし意思能力を有することはもちろん必要である。

制限行為能力者のうち、成年被後見人が事理弁識能力を一時回復した時に遺言をする場合は、医師 2 人以上が立会い、遺言者が事理弁識能力を欠く状態になかった旨を遺言書に付記し、署名・押印しなければならない（973 条）。これは、成年被後見人の真意を確保するための規制である。

3　遺言事項 〔B〕

遺言でなしうる行為（遺言事項）は、以下のものに限られる。これらの遺言事項以外の事項についての遺言は、無効である。

丸暗記をする必要はもちろんないが、赤い文字にしておいた事項はイメージをもっておこう。

①家族関係に関する事項

　　認知（781 条 2 条）、未成年後見人の指定（839 条）、未成年後見監督人の指定（848 条）

②法定相続に関する事項

　　推定相続人の廃除・廃除の取消し（893 条、894 条 2 項）、相続分の指定およびその委託（902 条 ➡ 123 ページ **3**）、持戻し免除の意思表示（903 条 3 項 ➡ 127 ページ（**カ**））、遺産分割方法の指定およびその委託（908 条 1 項前段 ➡ 193 ページ **1**）、遺産分割の禁止（同項後段）、遺産分割における共同相続人間の担保責任に関する定め（914 条）、受遺者・受贈者の遺留分侵害額の負担に関する定め（1047 条 1 項 2 号ただし書）

③上記②以外の財産処分に関する事項

　　遺贈（964 条 ➡ 187 ページ **1**）、遺贈の効力に関する定め（988 条、992 条、994 条 2 項、995 条、997 条 2 項、998 条、1002 条 2 項、1003 条の各ただし書

等）、配偶者居住権の存続期間（1030条ただし書）、一般財団法人の設立（一般社団法人及び一般財団法人に関する法律152条2項）、信託の設定（信託法3条2号）

④遺言執行に関する事項

遺言執行者の指定およびその委託（1006条1項 ➡ 185ページ**イ**）、特定財産に関する遺言の執行に関する定め（1014条4項）、遺言執行者に関する定め（1016条1項、1017条1項、1018条1項の各ただし書）

⑤遺言の撤回（1022条 ➡ 181ページ **8**）

4 効力の発生 ） **A**

遺言の効力は、遺言者の死亡により発生する（985条1項）。

なお、停止条件を付することができる事項について停止条件付きの遺言をした場合は、遺言者の死亡に加えて、停止条件が成就した時に遺言の効力が発生すると定められている（985条2項）。しかし、通説は、停止条件付きの遺言は、遺言者の死亡によって停止条件付法律行為として遺言の効力が発生し、遺言の相手方は停止条件付権利を取得すると解したうえで、その後の停止条件の成就によって無条件の効力が発生するものと解している。

いずれにせよ、遺言者の死亡が遺言の効力発生の要件であることは覚えておこう。

5 遺言の方式 ） **B⁺**

遺言は要式行為であるが、民法が定める遺言の方式には、大別して普通方式と特別方式がある。

そして、普通方式には、①自筆証書遺言、②公正証書遺言、③秘密証書遺言という3つの方式がある。

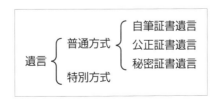

ア　自筆証書遺言

（ア）自書と押印

　自筆証書遺言は、原則として、遺言者が遺言の全文・日付・氏名をすべて自書（手書き）し、かつ押印することが必要である（968条1項）。

　押印は、いわゆる実印による必要はなく、三文判によるものでもよい。また、遺言書本文に押印がなくても、当該遺言書を入れた封筒の封じ目に押印があれば、押印の要件は満たされる（**最判平成6・6・24百選Ⅲ84**）。

（イ）相続財産目録を添付する場合

　968条1項の「自書」要件の例外として、相続財産目録（相続財産の全部または一部の目録）を自筆証書に添付する場合は、その相続財産目録は自書することを要しない（968条2項前段）。

　たとえば、自筆証書の末尾に、相続財産目録として、パソコンで入力しプリントアウトした相続財産のリストや、不動産の登記事項証明書、通帳の写しなどを添付することも認められるわけである。

　ただし、自書でない相続財産目録を添付する場合は、その目録の毎葉（両面に記載がある場合は両面）に遺言者が署名し、押印しなければならない（968条2項後段）。たとえば、片面印刷でプリントアウトした相続財産目録を3枚添付する場合は、その3枚の表面すべてに遺言者が署名し押印することが必要なわけである。

イ　公正証書遺言

　公正証書遺言は、次の各手続を行うことが必要である（969条1号ないし5号）。

①証人2人以上の立会いのもとで、遺言者が遺言の趣旨を公証人に口授する（すなわち公証人に口頭で直接伝える）
②公証人が遺言者の口述を筆記する
③筆記したものを公証人が遺言者および証人に読み聞かせ、または閲覧させる
④遺言者および証人が、筆記が正確なことを承認する
⑤遺言者および証人が、署名・押印する（遺言者が署名できない場合は、公証人がその事由を付記して、署名に代えることができる）

⑥公証人が、方式に従って作成したものであることを付記して、署名・押印する

　なお、目の見えない者も、上記の証人になることができる（**最判昭和55・12・4百選Ⅲ86**）。公証人の筆記の正確性についての確認という証人が行うべき仕事は、目が見えなくても、遺言者の口授と公証人による筆記の読み聞かせをそれぞれ聞くことによって行うことができるからである。

ウ　秘密証書遺言
　秘密証書遺言は、原則として次の各手続を行うことが必要である（970条1項各号。例外につき972条）。

①遺言者が、遺言書に署名・押印する
②遺言者が、その遺言書を封じ、遺言書への押印に用いたのと同じ印章で封印する
③遺言者が、遺言書の入った封書を公証人1人および証人2人以上の前に提出して、自己の遺言書であること、および遺言書の筆者の氏名・住所を申述する
④公証人が、遺言書提出日と遺言者の申述内容を封紙に記載する
⑤遺言者・証人・公証人が、封紙に署名・押印する

　①ないし②の遺言書は、自筆証書遺言とは異なり、遺言者の自書による必要はない。パソコンで作成しプリントアウトしたものや、他人が代筆したものなどでもよいわけである。ただし、①の遺言書への署名・押印は、もちろん遺言者自身がすることが必要である。
　②の遺言書を「封じ」る方法については、特に制限はないが、遺言書を市販の封筒に入れ、糊付けすることによって行われることが多い。「封印」は、その封筒などの封紙に行う。
　③の「筆者」とは、遺言内容の記載という事実行為を行った者をいう。遺言者が遺言書の文章を含め遺言書の作成をほぼすべて他人に委ね、他人がワープロを操作して遺言書本文を入力・印字した場合は、そのワープロ操作者が「筆者」にあたる（最判平成14・9・24家月55-3-72）。

以上の①から⑤の要件を満たさない場合は、秘密証書遺言としては無効である。ただし、自筆証書遺言の要件を満たしている場合は、自筆証書遺言として有効となる（いわゆる無効行為の転換。971条）。

エ　特別方式の遺言

特別方式の遺言には、①死亡危急者遺言（976条）、②伝染病隔離者の遺言（977条）、③在船者の遺言（978条）、④船舶遭難者の遺言（979条）の4つがある。

これらについては、時間のあるときに条文を一読しておけば足りる。

6　各方式におおむね共通する要件 ） Ｂ

ア　遺言の変更の方式

遺言に加除・訂正その他の変更をしたい箇所がある場合は、遺言者は、その箇所を指示し、その箇所を変更した旨を付記して署名したうえ、その箇所に押印しなければならない（968条3項、970条2項、982条）。

イ　証人・立会人の欠格事由

次の者は、公正証書遺言や秘密証書遺言で必要となる証人・立会人になることはできない（974条）。

①未成年者
②遺言作成時の推定相続人および受遺者
③②の者の配偶者および直系血族
④公証人の配偶者・4親等内の親族・書記および使用人

ウ　共同遺言の禁止

2人以上の者が同一の証書で遺言をすることを共同遺言というが、かかる共同遺言は禁止されている（975条）。

仮に共同遺言を許すと、一方の遺言者の意思内容や遺言の撤回の自由（➡次ページ**8ア**）が他方の遺言者の意思によって制約されるおそれがあるから、というのがその禁止の趣旨である。

7　遺言の解釈と無効・取消し　B

ア　遺言の解釈

　遺言は、相手方のない単独行為であるから、相手方の信頼を保護する必要はない。

　したがって、遺言の解釈にあたっては、遺言書の文言を形式的に判断するだけではなく、遺言者の真意を探究すべきである（最判昭和58・3・18百選Ⅲ88）。

　また、1つの遺言について、その遺言が有効になる解釈と無効になる解釈とが考えられる場合は、遺言が有効になる解釈の方を採用するべきである（最判昭和30・5・10民集9−6−657）。

イ　遺言の無効

　次の遺言は無効である。

①遺言の方式に違反がある遺言（960条、975条）
②遺言能力を欠く遺言（961条、963条）
③被後見人が後見の計算（870条）の終了前に行った遺言で、後見人またはその配偶者もしくは直系卑族の利益になるべき遺言（966条1項。例外につき同条2項）
④公序良俗に反する遺言（90条）

ウ　遺言の取消し

　錯誤・詐欺・強迫による遺言は取り消すことができる（95条1項、96条1項）。

8　遺言の撤回　B⁺

ア　撤回の自由と方式

　遺言者は、いつでも、遺言の全部または一部を撤回することができる（1022条）。遺言においては、遺言者の最終意思が尊重されるべきだからである。

　ただし、かかる遺言の撤回は、遺言の方式に従って行わなければならない（1022条）。これは、遺言の方式によることを要求することによって、遺言を撤

回する意思が真意であることや、遺言を撤回する意思の明確性を確保する趣旨である。

イ　撤回の擬制

ただし、遺言を撤回する意思が遺言の中で明示されていない場合であっても、遺言の撤回が擬制される場合がある。

まず、①遺言者が前の遺言と内容的に抵触する遺言をした場合は、その抵触する部分については、前の遺言は撤回されたものとみなされる（1023条1項）。

たとえば、Xが「甲土地をAに譲る」との遺言をしたところ、その後に「甲土地をBに譲る」との新たな遺言をした場合は、前の遺言は撤回されたことになる。

次に、②遺言者（またはその任意代理人）が遺言完成後に遺言と抵触する法律行為をした場合も、その抵触する部分については、遺言は撤回されたものとみなされる（1023条2項）。

たとえば、Xが「甲土地をAに譲る」との遺言をしたところ、その後にXが甲土地をBに生前贈与した場合は、遺言は撤回されたことになる。

最後に、③遺言者が遺言書を故意に破棄した場合や、④遺言者が遺贈の目的物を故意に破棄した場合も、破棄した部分について、遺言は撤回されたものとみなされる（1024条）。故意が要求される点に注意しよう。

ウ　非復活主義

遺言が撤回された場合において、その後に撤回行為が撤回され、取り消され、または失効したとしても、撤回された遺言すなわち原遺言は復活しない（1025条本文）。遺言者が原遺言を復活させる意思を有するとは限らないからである。

たとえば、既存の遺言Aと内容的に抵触する遺言Bが新たになされたところ、その後さらに「遺言Bを撤回する」旨の新たな遺言Cがなされたとしても、原遺言である遺言Aは復活しない。

ただし、その例外として、撤回行為が錯誤・詐欺・強迫を理由に取り消された場合は、撤回された原遺言が復活する（1025条ただし書）。既存の遺言Aと内容的に抵触する遺言Bが新たになされた後に、遺言Bが錯誤などを理由に取

り消された場合は、遺言Aが復活するわけである。このような場合は、遺言者は原遺言を復活させる意思を有するはずだからである。

また、判例は、この1025条ただし書の趣旨に照らし、遺言者が遺言A（原遺言）を遺言Bで撤回した後、さらに遺言Cで遺言Bを撤回した場合において、遺言者の意思が遺言A（原遺言）の復活を希望するものであることが遺言Cの記載から明らかであるときは、遺言A（原遺言）が復活するとしている（最判平成9・11・13民集51-10-4144）。

エ　撤回する権利の放棄の禁止

遺言者は、遺言を撤回する権利を放棄することができない（1026条）。遺言の撤回の自由の保障を貫徹する趣旨である。

したがって、たとえば遺言者が遺言書の中で「私はこの遺言を撤回しない」との意思表示をしたとしても、その意思表示は無効である。また、受遺者（➡187ページ**ア**）との間で遺贈にかかる遺言を撤回しない旨の合意をしたとしても、やはりその合意は無効である。

2. 遺言総論その2──遺言の執行

1　意義　B

遺言の内容を実現する行為を、遺言の執行という。

たとえば、「甲土地をAに譲る」との遺言がある場合、遺言者の死亡によってその効力が生じるものの（985条1項）、この遺言の内容を現実に実現させるためには、別途Aへの所有権移転登記手続をする必要がある。また、遺言による認知がなされた場合、遺言者の死亡によってその効力が生じるものの、別途戸籍の届出をする必要がある。これらの行為が、遺言の執行の例である。

2 遺言書の検認 ⓑ

ア 意義

　この遺言の執行の準備手続として、遺言書の検認がある。

　すなわち、公正証書遺言を除き、遺言書の保管者や遺言書を発見した相続人は、相続の開始を知った後、遅滞なく、家庭裁判所に遺言書を提出して検認を請求しなければならない（1004条1項、2項）。

　この検認の趣旨は、遺言書の偽造や変造を防止し、証拠を保全することにある。

　公正証書遺言が検認の対象から除外されているのは、遺言書が公証役場に保管されているため、偽造や変造のおそれがないからである。

　検認が必要であるのに遺言書を家庭裁判所に提出しなかった者や、検認を経ないで遺言を執行した者、家庭裁判所外において遺言書を開封した者は、5万円以下の過料に処される（1005条）。

イ 封印のある遺言書の開封

　封印のある遺言書については、検認のためにこれを開封する必要があるが、その開封は、家庭裁判所において相続人またはその代理人の立会いがなければ行うことができない（1004条3項）。

> 　秘密証書遺言には、必ず封印があります（970条1項2号 ➡ 179ページウ）。また、自筆証書遺言も、封印がなされている場合があります。これらの封印のある遺言書の開封は、家庭裁判所において、相続人などの立会いのもと裁判官が行うことになるわけです。

ウ 遺言の効力との関係

　以上の検認は、あくまでも遺言書の偽造や変造を防止し、証拠を保全するための手続であるにとどまり、遺言の形式的要件の充足の有無や遺言者の真意、遺言の有効性などの判断を行うための手続ではない。

　したがって、検認を経た遺言であっても、後の訴訟において遺言が無効とされることは当然ありうる（大決大正5・6・1民録22-1127）。

　また、検認を受けたか否かは、遺言の効力とは関係がない（大判昭和3・2・22新聞2840-15）。たとえ検認を受けなかった場合でも、そのことを理由として遺

言自体が無効となることはないわけである。

エ　遺言の執行の費用

遺言書の検認の費用や相続財産の管理に関する費用、遺言執行者の報酬などの、遺言の執行に関する費用は、相続財産から支払われる（1021条本文）。

3　遺言執行者　B+

ア　意義

遺言は、原則として相続人が執行する。

しかし、遺言執行者がある場合は、遺言の執行は遺言執行者に全面的に委ねられることになり、相続人は遺言の執行に関して何の権限も義務もないことになる。

なお、遺言事項のうち、認知、相続人の廃除およびその取消しについては、相続人の利害に大きくかかわることから、相続人ではなく遺言執行者がその手続を行わなければならない（781条2項・戸籍法64条、民法893条、894条2項）。

イ　遺言執行者の指定・選任

遺言執行者は、次のいずれかの手続によって指定・選任される。①と③は覚えておこう。

①遺言者が遺言で指定（1006条1項）
②遺言者が遺言で第三者に指定を委託し、その第三者が指定（1006条1項から3項）
③利害関係人の請求によって家庭裁判所が選任（1010条）

相続人も遺言執行者になりうるが、受遺者や他の相続人などと利害が対立する場合は、善管注意義務（1012条3項・644条）に違反するため、遺言執行者となることはできない。

未成年者や破産者は、遺言執行者となることはできない（1009条）。
遺言執行者は、複数でもよい（1006条1項）。
自然人のほか、法人も遺言執行者になることができる。

ウ　遺言執行者の任務

遺言執行者に指定・選任された者は、相続の開始後、相続人に対して、遺言執行者への就職を承諾し、または辞退する旨の意思表示をする必要がある。

遺言執行者が就職を承諾したときは、直ちにその任務を行わなければならない（1007 条 1 項）。また、任務を開始したときは、遅滞なく遺言の内容を相続人に通知しなければならない（同条 2 項）。

遺言執行者は、遺言の内容を実現するため、遺言の執行に必要な一切の行為をする権利・義務を有する（1012 条 1 項）。

また、遺言執行者がある場合は、遺贈の履行は、遺言執行者のみが行うことができる（1012 条 2 項）。

遺言執行者は、遺言の執行に関する事件について、自己の名において訴訟の原告や被告となることができる（職務上の当事者としての法定訴訟担当。最判昭和 51・7・19 民集 30− 7 −706）。この点は、民事訴訟法で詳しく学ぶ。

エ　遺言の執行を妨げるべき相続人の行為の効力

遺言執行者がある場合は、相続人は、相続財産の処分その他遺言の執行を妨げるべき行為をすることができない（1013 条 1 項）。

相続人が遺言の執行を妨げるべき行為を行った場合、その相続人の行為は無効である（1013 条 2 項本文）。ただし、その無効は善意の第三者に対抗することができない（同項ただし書）。

以上に対し、相続人の債権者や相続債権者（➡ 171 ページ上のコラム）による遺言の執行を妨げるべき行為（たとえば相続財産に対する差押え）は、端的に有効である（1013 条 3 項）。これは、相続人の債権者や相続債権者は遺言執行者の有無を知りえないから、という趣旨によるものである。

オ　遺言執行者と相続人の関係

遺言執行者が、その権限の範囲内において、遺言執行者であることを示してした行為は、相続人に対して直接にその効力を生ずる（1015 条）。

したがって、遺言執行者の行為が相続人の利益のための行為である場合はもちろん、相続人の利益のための行為ではない場合であっても、その効果は相続人に帰属することになる。

また、遺言執行者と相続人の間には、委任の規定の一部が準用される（1012
条3項、1020条）。たとえば、委任執行者は、遺言執行について善管注意義務を
負う（1012条3項・644条）。

3. 遺言各論その1──遺贈

1　意義　🅰

　遺贈とは、被相続人が遺言によって他人に自己の財産を与える処分行為をい
う（964条）。
　たとえば、「遺産のうち、甲土地を友人Aに譲る」との遺言が、遺贈の例で
ある。

2　遺贈の当事者　🅰

　遺贈の当事者には、遺言者のほか、受遺者と遺贈義務者がいる。

ア　受遺者

　受遺者とは、遺贈によって財産を与えられた者をいう。

（ア）受遺者の範囲

　受遺者は、相続人であっても、相続人以外の第三者であってもよい。
　相続人が受遺者となっている場合で、その相続人が相続放棄をしたとして
も、その者は遺贈を受ける資格を失わない。相続放棄をしても、遺贈を受ける
ことはできるわけである。この点は覚えておこう。
　また、胎児も受遺者となることができる（965条・886条）。この点は、民法総
則で学んだとおりである（➡民法総則［第3版］60ページ**イ**）。

（イ）受遺欠格

　ただし、受遺者には、相続欠格の規定（➡106ページ**2**）が準用される（965
条・891条）。

したがって、たとえば故意に遺贈者を死亡させて刑に処せられた受遺者は、遺贈を受ける資格を喪失し、遺贈を受けることはできない（965条・891条1号）。

なお、965条は、相続欠格の規定を準用するにとどまり、廃除の規定である892条は準用していない。したがって、廃除の審判を受けた者も、遺贈を受ける資格は失わない。

イ　遺贈義務者

遺贈義務者とは、遺贈を実行するべき義務を負う者をいう。

遺贈義務者となるのは、原則として相続人である。

ただし、遺言執行者があるときは、遺言執行者のみが遺贈を履行することができる（1012条2項）。

3　遺贈の無効・取消し　B+

ア　遺贈の無効

遺贈を含んだ遺言が無効の場合（➡ 181ページ**イ**）は、当然ながら遺贈も無効である。

また、遺贈に固有の無効事由として、次の2つがある。

（ア）効力発生時に受遺者が存在しない場合──同時存在の原則

まず、受遺者は、遺言の効力発生時に存在していることを要する。相続で学んだ同時存在の原則（➡ 102ページ**2.**）は、遺贈にも妥当するわけである。

したがって、遺言の効力発生時（➡ 177ページ**4**）以前に受遺者が死亡した場合は、遺贈は無効となる（994条1項）。これはしっかりと覚えておこう。

この同時存在の原則ゆえに遺贈が無効となる場合は、受遺者の相続人が受遺者となることはない。相続の場合とは異なり、遺贈の場合は代襲は生じないわけである。遺言者の遺贈意思は受遺者その人にのみ向けられているのが通常であるから、というのがその理由である。

なお、遺贈に停止条件が付されていた場合で、停止条件の成就よりも前に受遺者が死亡した場合も、原則として遺贈は無効となる（994条2項）。

（イ）遺贈の目的物が相続財産に属しない場合

次に、遺贈の目的物が遺言者の死亡の時点で相続財産に属していなかった場合も、遺贈は原則として無効である（996条本文）。

たとえば、①遺贈の目的物が他人物の場合や、②遺贈の成立（すなわち遺言書の完成）の後の事情変更によって遺言者の死亡時に遺贈目的物が相続財産中に存在しなくなった場合は、遺贈は原則として無効なわけである。

ただし、その例外として、遺言者が相続財産に属するかどうかにかかわらず遺贈の目的とした場合は、遺贈はなお有効となる（996条ただし書）。

たとえば、Xによる「Yが所有する甲土地はAに遺贈する。私の相続人は、Yから甲土地の所有権を取得して、これをAに移転せよ」との遺言は、例外的に有効となるわけである。

イ　遺贈の取消し

錯誤・詐欺・強迫による遺贈は、取り消すことができる（95条1項、96条1項）。

4　特定遺贈) B

遺贈には、特定遺贈と包括遺贈がある。この2つはしっかりと覚えておこう。

以下、まずは特定遺贈について説明し、次いで項をあらためて包括遺贈について説明する。

ア　意義

特定遺贈とは、受遺者に与えられる目的物や財産的利益が特定された遺贈をいう。

たとえば、「甲土地をAに譲る」との遺言、「遺産のうち100万円と、私が保有するジュヴレ・シャンベルタン10本のうち3本をBに譲る」との遺言、「P銀行に対する預金債権のうち100万円をCに譲る」との遺言が、特定遺贈の例である。

> これらの具体例からも明らかなとおり、特定遺贈の目的は特定物に限られません。不特定物や債権であっても、特定遺贈の目的たりえます。特定遺贈という語感から誤解してしまわないよう、注意しましょう。

なお、「甲土地を相続人Aに相続させる」との遺言は、原則として遺贈ではなく遺産分割方法の指定（特定財産承継遺言）と解されることになる（**最判平成**

3・4・19百選Ⅲ92 ➡ 195ページ**エ**）。

イ　受遺者による遺贈の放棄・承認

　特定遺贈の効果は、遺言者の死亡によって当然に生じる（985条 ➡ 177ページ**4**）。相続と同様に、受遺者の承諾を待たずに当然に遺贈の効果が生じるわけである。

　ただし、特定遺贈を望まない受遺者は、遺言者の死亡後、いつでも遺贈の放棄をすることができる（986条1項）。この遺贈の放棄があると、遺言者の死亡時にさかのぼって遺贈の効力は消滅する（同条2項）。

　他方、受遺者が遺贈義務者に対して承認の意思表示をすると、特定遺贈の効力が確定する。

　1度した遺贈の放棄や承認は、原則として撤回することができない（989条1項。その例外について同条2項・919条2項、3項）。

ウ　特定遺贈の効果

（ア）物権的効力

　特定遺贈のうち、特定物の遺贈については、遺贈の効力が発生するのと同時に、目的物の所有権が遺贈者から受遺者に直接移転する（物権的効力。大判大正5・11・8民録22-2078）。

　不特定物の遺贈については、遺贈義務者が遺贈目的物を特定した時点で、目的物の所有権が受遺者に移転する（東京高判昭和23・3・26高民集1-1-78）。

（イ）遺贈義務者の引渡義務

　遺贈義務者は、遺贈の目的である物または権利を、原則として相続開始の時（相続開始の後に目的が特定された場合は特定された時）の状態で受遺者に引き渡し、または移転する義務を負う（998条本文）。

（ウ）受遺者の果実収取権

　遺贈の目的物から生じる果実は、原則として、遺贈の履行を請求できる時（通常は遺言者死亡時）から受遺者がこれを取得する（992条本文）。

5　包括遺贈　B+

ア　意義

　包括遺贈とは、遺産の全部または一定割合で示された一部を遺贈する場合をいう。

　たとえば、「遺産の全部を友人Aに譲る」との遺言や、「遺産のうち3分の2を友人Bに譲る」との遺言が、包括遺贈の例である。

　なお、前者のように遺産の全部の包括遺贈を全部包括遺贈といい、後者のように一定割合で示された遺産の一部の包括遺贈を割合的包括遺贈という。

> 　「包括」ということばの響きゆえに、包括遺贈とは遺産の全部の遺贈のことだと誤解してしまいがちですが、一定割合で示された遺産の一部の遺贈も、遺贈の目的ないし財産的利益が特定されていない以上、特定遺贈ではなく包括遺贈にあたります。しっかりと理解しておきましょう。

イ　包括遺贈の効果

　包括遺贈の受遺者たる包括受遺者は、積極財産だけでなく、消極財産をも承継する。この点は覚えておこう。

　このように、消極財産を承継するという点で、包括受遺者は相続人と類似する。そのため、包括受遺者は、原則として相続人と同一の権利・義務を有するものとされている（990条）。

　したがって、たとえば、包括受遺者は、相続人と同様に、自己のために包括遺贈があったことを知った時から3か月の熟慮期間内に家庭裁判所に申述することによって、包括遺贈を放棄したり、限定承認したりすることができる（990条・915条以下）。この熟慮期間が経過すると、包括遺贈の単純承認が擬制される（990条・921条2号）。

　また、包括受遺者は、相続人と同様に、遺産分割の当事者となる（990条・907条）。

6　付款を伴う遺贈　B

ア　停止条件付遺贈

　遺言者は、遺贈に停止条件を付することができる（985条2項 ➡ 177ページ

4)。たとえば、「Aが遺贈を放棄した場合は、甲土地をBに譲る」という遺言や、「Cが婚姻したら乙土地をCに譲る」という遺言が、停止条件付遺贈の例である。

　なお、遺言者の死亡の前に停止条件が成就したときは、かかる遺言は無条件の遺言となり（131条1項前段）、遺言者の死亡の前に停止条件が成就しないことが確定したときは、遺言は無効となる（同条2項前段）。

　受遺者が停止条件の成就の前に死亡したときは、遺言者が別段の意思表示をしていない限り、停止条件付遺贈は失効する（994条2項 ➡ 188ページ（ア））。

イ　負担付遺贈

　遺言者は、受遺者に一定の給付義務を課して遺贈をすることができる。この遺贈を、負担付遺贈という。

　たとえば、「Aに1000万円を譲るが、私の妻Bの生活の一切について面倒をみること」とのXの遺言が、負担付遺贈の例である。

　負担付遺贈の受遺者は、負担付遺贈を承認すると、その負担を履行する責任を負う。ただし、その責任は、遺贈の目的の価額を超えない限度に限定される（1002条1項）。たとえば上記のAは、1000万円の限度でBの生活の面倒をみれば足りるわけである。

　負担付遺贈の受遺者が負担付遺贈を放棄したときは、負担の利益を受けるべき者は、遺言に別段の意思表示がない限り、自ら受遺者となることができる（1002条2項）。上記の例で、Aが遺贈を放棄した場合は、Xが別段の意思表示をしていない限り、Bは1000万円の受遺者となることができるわけである。

　負担付遺贈は、遺言の原則どおり、遺言者の死亡により効力を生じる。負担が履行されたか否かは、遺贈の効力には関係がない。

　ただし、受遺者が負担を履行しない場合、遺言者の相続人は、相当の期間を定めて、受遺者に対して負担の履行を催告することができる。かかる催告の後、相当の期間内に負担が履行されないときは、遺言者の相続人はその負担付遺贈の取消しを家庭裁判所に請求することができる（1027条）。この取消しにより、負担付遺贈は遡及的に効力を失い、遺贈の目的物は相続人に帰属することになる（995条本文）。

以上の遺贈と類似する行為として、死因贈与がある。

死因贈与とは、贈与者の死亡によって効力を生じる贈与をいう。すなわち、贈与者の死亡が停止条件とされている贈与をいうわけである。

死因贈与は、その性質に反しない限り、遺贈に関する規定が準用される（554条）。

ただし、以下の点で、遺贈と死因贈与は異なる。短答式試験用にざっと押さえておこう。

	死因贈与	遺贈
法的性質	契約	単独行為
要式性	なし（不要式）	あり（要式）
必要な能力 （年齢）	行為能力 →18歳から単独で可	遺言能力 →15歳から可（961）
代理	可	不可

4. 遺言各論その２──遺産分割方法の指定

1　意義 🅱⁺

被相続人は、遺言によって、遺産分割方法を指定することや、遺産分割方法の指定を第三者に委託することができる（908条1項前段）。

この遺言による遺産分割方法の指定は、遺産分割協議や遺産分割審判、共有物分割訴訟と並んで、遺産分割の手続形態の1つである（➡146ページ **4**）。

遺言による遺産分割方法の指定には、①相続財産をどのような方法で分割するか（現物分割・換価分

```
遺言による        ┌ ①手段指定型
遺産分割方法 ┤
の指定          └ ②帰属指定型
                   ＝特定財産承継遺言
```

割・代償分割のうちのいずれによるか）を指定する手段指定型と、②特定の相続財産の帰属先となる相続人を指定する帰属指定型がある。

たとえば、「甲土地と乙土地を売却したうえで、売却代金を妻Aと子Bが法定相続分に応じて取得すること」との遺言が①の例であり、「甲土地は妻A、乙土地は子Bに相続させる」との遺言が②の例である。

このうち、②の遺言を特定財産承継遺言という。

2 役割 ） B

遺言による遺産分割方法の指定は、遺産分割協議や遺産分割審判の基準となる。

もっとも、共同相続人は、遺産分割協議によって、遺言による遺産分割方法の指定と異なる遺産分割をすることもできる。遺言よりも遺産分割協議が優先されるわけである。

ただし、遺言による遺産分割方法の指定があるときは、かかる指定が相続人の意思決定に与える影響力は格段に大きいということができる。したがって、遺産分割方法を指定した遺言の存在を知らずに遺産分割協議がなされた場合は、当該遺産分割協議は錯誤取消しの対象となる可能性がある。判例も、かかる遺産分割協議の錯誤無効（現行法では錯誤取消し）の主張を認めている（最判平成5・12・16家月46-8-47参照）。

3 特定財産承継遺言 ） B+

遺言による遺産分割方法の指定のうち、特に重要なのが、特定財産承継遺言である。

ア 意義

特定財産承継遺言とは、特定の相続財産を共同相続人の1人または数人に承継させる旨の遺言をいう（1014条2項）。

この特定財産承継遺言は、"「相続させる」旨の遺言"ともよばれる。

イ 相続分の指定との区別

もっとも、特定の相続人に対して相続財産の一定割合ないしすべてを取得さ

せる趣旨の遺言は、たとえ「相続させる」との文言が用いられている場合であっても、特定財産承継遺言ではなく、遺言による相続分の指定（➡ 121 ページイ、123 ページ **3**）として扱われる。

> たとえば、「遺産のうち**甲土地**を妻 A に相続させる」との遺言は、特定財産承継遺言にあたります。
> これに対し、「相続財産の**8 割**を妻 A に相続させる」との遺言や、「相続財産の**全て**を子 B に相続させる」との遺言は、特定財産承継遺言ではなく、遺言による相続分の指定として扱われます。

ウ　相続分の指定を伴う特定財産承継遺言

また、特定財産承継遺言の目的たる特定の財産の価額が、遺産総額に対する当該相続人の法定相続分を超える場合は、その特定財産承継遺言は相続分の指定を伴うものとみるべきである（**最判平成 3・4・19 百選Ⅲ 92**、最判平成 14・6・10 判タ 1102-158）。

たとえば、1000 万円の甲土地と 600 万円の現金を残して X が死亡し、子 A・B が X を相続したところ、X が「甲土地は A に相続させる」との遺言をしていた場合は、この遺言によって① A の相続分の指定（➡ 121 ページイ、123 ページ **3**）がなされ、かつ②甲土地という特定承継財産で A の指定相続分を満たすように遺産分割方法の指定がなされている、と解することになる。

エ　共同相続人に対する特定遺贈との区別

特定財産承継遺言は、特定の共同相続人に対する特定遺贈（➡ 187 ページ（ア）参照）と類似するため、両者の区別が問題となる。

平成 30（2018）年改正前の判例は、「特定の遺産を特定の相続人に相続させる」旨の遺言について、遺贈と解すべき特段の事情がない限り遺贈と解するべきではないとしている（**最判平成 3・4・19 百選Ⅲ 92**）。原則として特定財産承継遺言と解していくわけである。

この判例は、現行法でも妥当するといえよう。

オ　効果と対抗要件

判例によれば、特定財産承継遺言が遺言者の死亡によって効力を生じると、

その目的たる特定の財産は、遺産分割手続を経ることなく特定の相続人（受益相続人）に帰属する（最判平成3・4・19百選Ⅲ92）。共同相続人の共有に属することなく、ダイレクトに被相続人から受益相続人に移転することになるわけである。この点はぜひ覚えておこう。

ただし、特定財産承継遺言による特定の相続財産の取得にも、899条の2が適用される。このことは、1014条2項は899条の2第1項が適用されることを前提としていることからも明らかである。この点もしっかりと覚えておこう。

したがって、受益相続人は、特定財産承継遺言による権利の承継に関し、その法定相続分を超える部分については、対抗要件を備えなければ第三者に対抗することができない（➡154ページ **1** 参照）。

5. 遺留分

1 意義 Ⓐ

兄弟姉妹およびその代襲者を除く相続人には、被相続人が有していた相続財産について、その一定割合を承継できる利益が保障されている。この一定の相続人に保障された利益を、遺留分という。

たとえば、被相続人Xがその全財産を友人Yに遺贈した場合、その遺贈は有効ではあるものの、Xの相続人である配偶者Aや子Bは、遺留分の侵害を理由として、受遺者Yに対して一定の金員の支払を請求することができる。Xが生前、一定の時期に贈与を行っていた場合も同様である。

本来、被相続人は、自己の財産を自由に処分することができるはずである。そうであるにもかかわらず、法が遺留分という制度を定めた主たる趣旨は、遺族の生活の保護にある。

2 遺留分権利者 Ⓐ

遺留分を有する相続人を、遺留分権利者という。

遺留分権利者は、兄弟姉妹（およびその代襲者）以外の相続人である（1042条1項柱書）。すなわち、被相続人の配偶者に加え、第1順位として子（およびその代襲者、再代襲者等）が、第2順位として直系尊属が、遺留分権利者となる。これはしっかりと覚えておこう。

ただし、兄弟姉妹以外の相続人であっても、相続欠格、廃除、相続放棄により相続権を失った者は、遺留分権利者ではなくなる。もっとも、相続欠格や廃除の場合は、代襲相続が開始するため、相続欠格者や被廃除者の直系卑属が遺留分権利者となる（1042条1項柱書、887条2項、3項）。

相続の開始時に胎児だった者も、その後に生きて生まれれば、子として遺留分権利者となる（886条）。

なお、包括受遺者は相続人ではないので、遺留分権利者ではない。

3 基礎財産・遺留分の割合・遺留分額

では、遺留分権利者は、具体的にどの程度の遺留分を有しているのだろうか。

その算出をするためには、基礎財産、遺留分の割合、遺留分額という3つの概念を理解する必要がある。

ア 基礎財産の算定 B

まず、基礎財産について説明する。

基礎財産は、条文では「遺留分を算定するための財産」と表現されている（1042条、1043条1項）。

かかる基礎財産の価額は、①被相続人が相続開始の時において有した財産の価額に、②被相続人による一定範囲の贈与の目的物の価額を加えた額から、③債務の全額を控除することによって算出される（1043条1項）。

> 基礎財産＝相続開始時の財産（積極財産）の価額＋一定範囲の贈与の価額－債務

（ア）被相続人が相続開始の時において有した財産の価額

まず、①の「被相続人が相続開始の時において有した財産」とは、相続開始時の積極財産のことである。

そこには、遺贈や死因贈与の目的となっている財産が含まれる（通説）。すな

わち、「被相続人が相続開始の時において有した財産」の価額の算定におい
て、遺贈や死因贈与の目的となっている財産の価額は控除しないわけである。

特定物の遺贈や死因贈与については、相続開始の時点で直ちに物権的効力が生じると解される以上（特定物の遺贈につき ➡ 190 ページ（ア））、その目的となっている財産は「被相続人が相続開始の時において有した財産」には含まれないのではないかという疑問が生じるのではないかと思います。私自身も受験生時代から疑問だったのですが、この点についてしっかりとした理由を説明している文献は未だに見たことがありません。気になるところではありますが、試験との関係では、あまりこだわらずに、遺留分の基礎財産の算定では遺贈や死因贈与の目的となっている財産も「被相続人が相続開始の時において有した財産」に含まれるということを知っておけば十分でしょう。

（イ）被相続人が贈与した財産の価額

　次に、②で基礎財産への算入の対象となる「贈与」の範囲は、共同相続人以
外の者に対する贈与か、それとも共同相続人に対する贈与かによって異なる。
この点は重要である。

　まず、共同相続人以外の者に対する贈与については、「相続開始前の 1 年
間」に行われた贈与は、その目的などを問わず、すべてが算入の対象となる
（1044 条 1 項前段）。また、「1 年前の日より前」に行われた贈与についても、遺
留分侵害について贈与の当事者双方が悪意だった場合は、やはり算入の対象と
なる（同項後段）。

　これに対し、共同相続人に対する贈与については、「相続開始前の 10 年間」
に行われたものが算入の対象となるが、その贈与は「婚姻若しくは養子縁組の
ため又は生計の資本として」なされたものに限られる（1044 条 3 項）。

　なお、当然ではあるが、遺贈は②の「贈与」にあたらない。また、死因贈与
も②の「贈与」にはあたらない（通説。554 条参照）。

```
共同相続人以外の者への贈与
　相続開始前の 1 年間または双方が悪意
共同相続人への贈与
　相続開始前の 10 年間かつ婚姻・養子縁組・生計の資本
```

（ウ）債務の全額の控除

具体的相続分の算定とは異なり、遺留分における基礎財産の算定では、債務が控除される（➡ 125 ページ（イ）と対照）。

また、具体的相続分の算定とは異なり、遺留分における基礎財産の算定では、寄与分は考慮されない（➡ 129 ページ**イ**と対照）。

（エ）具体例

以上で説明した基礎財産の算定の仕方を、具体例で確認しておこう。

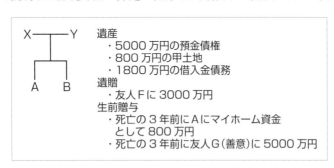

たとえば、X が死亡し、妻 Y と子 A・B が X を相続したとする。X は、5000 万円の預金債権と相続時評価額 800 万円の甲土地を有する一方、1800 万円の借入金債務を負っていた。また、X は「遺産の中から 3000 万円を友人 F に譲る」旨の遺言をしていた。さらに、X は死亡する 3 年前にマイホームの購入資金として子 A に 800 万円を贈与し、同時に善意の友人 G に 5000 万円を贈与していた。

この事案で、基礎財産の価額はいくらだろうか。

まず、①「被相続人が相続開始の時において有した財産」の価額は、積極財産である預金債権 5000 万円と甲土地の相続時評価額 800 万円の合計額である 5800 万円である。友人 F への遺贈の価額である 3000 万円は控除されない。

次に、②「贈与」の価額として、死亡する 3 年前に子 A に生計の資本として行われた 800 万円を基礎財産に算入する。友人 G への贈与は、相続開始時の 1 年間よりも前に行われた共同相続人以外の者への贈与であり、かつ G は善意だったため、その価額 5000 万円は算入されない。

最後に、③債務の額である 1800 万円を控除する。

したがって、基礎財産の額は 4800 万円である。

イ　遺留分の割合（遺留分率）　A

　次に、遺留分の割合（遺留分率）について説明する。

　およそ遺留分には、全体（遺留分権利者の全員分）の遺留分である総体的遺留分と、各遺留分権利者の遺留分である個別的遺留分とがある。

　これらのうち、総体的遺留分については、①直系尊属のみが相続人の場合は相続財産の3分の1、②それ以外の場合は被相続人の財産の2分の1と定められている（1042条1項）。これらの割合はしっかりと覚えておこう。

> 総体的遺留分：①直系尊属のみが相続人——相続財産の 1/3
> 　　　　　　　②それ以外————————相続財産の 1/2

　次に、個別的遺留分は、総体的遺留分に各相続人の法定相続分を乗じて算出される（1042条2項）。

> 個別的遺留分＝総体的遺留分×各相続人の法定相続分

　たとえば、被相続人Xの相続人として配偶者Aと母Bがいる場合、総体的遺留分は2分の1、配偶者Aの個別的遺留分は3分の1（総体的遺留分1/2×Aの法定相続分2/3）、母Bの個別的遺留分は6分の1（総体的遺留分1/2×Bの法定相続分1/3）である。

ウ　遺留分額　A

　最後に、遺留分額とは、基礎財産（➡197ページ**ア**）の価額に個別的遺留分を乗じて算出される額をいう。

> 遺留分額＝基礎財産×個別的遺留分

　たとえば、被相続人Xの相続人として配偶者Aと母Bがいる場合で、Xの基礎財産が900万円だった場合、配偶者Aの遺留分額は300万円（基礎財産900万円×個別的遺留分1/3）、母Bの遺留分額は150万円（基礎財産900万円×個別的遺留分1/6）である。

この遺留分額が、遺留分権利者に保障された最低限の取り分の額となるわけである。

4　遺留分侵害額　B⁻

　以上を前提として、遺留分侵害額について説明する。

　実務では重要な箇所だが、試験対策としては細かめなので、時間のあるときに一読しておけば十分である。

ア　意義

　遺留分侵害額とは、遺留分権利者が被相続人の財産から遺留分に相当する財産を受け取ることができない場合の不足額をいう。

　遺留分権利者（およびその承継人）は、受遺者または受贈者に対し、この遺留分侵害額に相当する金銭の支払を請求することができる（1046条1項➡次ページ**5**）。

イ　算定方法

　遺留分侵害額の算定は、遺留分額（➡前ページ**ウ**）から、まず①遺留分権利者が遺贈や特別受益にあたる贈与を受けている場合はその価額を控除し、次いで②遺留分権利者が遺産分割においてその具体的相続分に応じて取得すべき財産の価額を控除し、最後に③相続債務がある場合は遺留分権利者が相続によって負担する債務（遺留分権利者承継債務）の額を加算することによって求める（1046条2項）。

　なお、②の額は、相続財産のうち積極財産の額から遺贈の額を控除した額に具体的相続分の割合を乗じて算出する。

> 遺留分侵害額＝　遺留分額
> 　　　　　　　－①遺留分権利者が受けた遺贈・特別受益にあたる贈与の価額
> 　　　　　　　－②具体的相続分に応じて取得すべき財産の価額
> 　　　　　　　＋③相続債務のうち負担する額

ウ　具体例

　たとえば、Xが死亡し、配偶者Aと子BがXを相続したとする。Xには1000万円の預金債権と、600万円の借入金債務がある。また、Xは、死亡する3年前にマイホームの購入資金として子Bに800万円を贈与しており、かつ、400万円を友人Fに遺贈する旨の遺言があった。

　この場合、以下の計算の結果、配偶者Aの遺留分侵害額は60万円、子Bの遺留分侵害額は0円となる。

基礎財産	積極財産1000万円＋特別受益にあたる贈与800万円－債務600万円 ＝1200万円

※遺贈は控除しない

個別的遺留分　A・Bともに1/4（総体的遺留分1/2×法定相続分1/2）

遺留分額　A・Bともに300万円（基礎財産1200万円×個別的遺留分1/4）

具体的相続分

　みなし相続財産……積極財産1000万円＋特別受益800万円＝1800万円

　Aの具体的相続分……1800万円×法定相続分1/2＝900万円

　Bの具体的相続分……1800万円×法定相続分1/2－特別受益800万円＝100万円

　AとBの具体的相続分の割合……9：1

具体的相続分に応じて取得すべき財産の価額

　A：（積極財産1000万円－遺贈400万円）×具体的相続分の割合9/10＝540万円

　B：（積極財産1000万円－遺贈400万円）×具体的相続分の割合1/10＝60万円

遺留分侵害額

　A：遺留分額300万円－①0円－②540万円＋③債務300万円＝60万円

　B：遺留分額300万円－①800万円－②60万円＋③債務300万円＝▲260万円＝0円

5　遺留分侵害額請求権　　B+

ア　意義

　遺留分侵害額請求権とは、遺留分が侵害された場合に、遺留分権利者（およびその承継人）が、受遺者や受贈者に対し、遺留分侵害を理由として金銭給付請求をすることができることを内容とする権利をいう。

イ 法的性質

遺留分権利者がこの遺留分侵害額請求権を行使すると、受遺者や受贈者に対する遺留分侵害額に相当する金銭支払請求権が発生する（1046条1項）。

すなわち、遺留分侵害額請求権は、金銭支払請求権ではなく、金銭支払請求権を発生させる形成権である（最判昭和41・7・14民集20-6-1183参照）。この2つの請求権の関係は、しっかりと理解しておこう。

なお、遺留分侵害額請求権が行使されても、その原因となった遺贈や贈与の効力は否定されない。遺贈や贈与は有効なままであり、別途、受遺者や受贈者に対する金銭支払請求権が発生するにとどまる。

ウ 「受遺者」・「遺贈」・「受贈者」・「贈与」の意義

以上の**ア・イ**では、「受遺者」・「遺贈」・「受贈者」・「贈与」という用語を用いたが、遺留分侵害額請求権との関係で用いられるこれらの用語は、実は特殊な意味を有している。この点は要注意である。

まず、「受遺者」には、通常の意味における受遺者（➡187ページ**ア**）のほか、特定財産承継遺言により財産を承継した相続人（受益相続人）や、相続分の指定を受けた相続人が含まれる（1046条1項かっこ書）。

また、「遺贈」には、通常の意味における遺贈のほか、特定財産承継遺言による財産の承継や、相続分の指定による遺産の取得が含まれる（1047条1項柱書第1かっこ書）。

さらに、「贈与」は、基礎財産の価額に算入される贈与（➡198ページ（**イ**））に限られる（1047条1項柱書第2かっこ書）。

したがってまた、明文はないものの、遺留分侵害額請求やこれによる金銭支払請求を受ける「受贈者」は、遺留分を算定するための財産の価額に算入される贈与を受けた者に限られることになる。

以下でも、これらの用語は特殊な意味で用いるので、注意してほしい。

エ 行使の方法

遺留分侵害額請求権の行使は、受遺者または受贈者に対する遺留分権利者

の意思表示によって行えば足り、裁判上の請求による必要はない（最判昭和41・7・14民集20-6-1183参照）。

また、遺留分権利者の債権者は、遺留分権利者が権利行使の確定的意思を有することを外部に表明したと認められる特段の事情がある場合を除き、遺留分侵害額請求権を代位行使することはできない（**最判平成13・11・22百選Ⅲ96**参照）。遺留分制度は、侵害された遺留分を回復するかどうかをもっぱら遺留分権利者の自律的決定に委ねていると解されるからである（1046条1項、1049条参照）。

オ　受遺者・受贈者の負担額

相続人以外の受遺者および受贈者は、その受けた遺贈または贈与の目的の価額を限度として、遺留分侵害額を負担する（1047条1項柱書）。

> 　たとえば、相続開始の3か月前に被相続人Xから友人Fが100万円の贈与を受けていた事案で、相続人Aの遺留分侵害額が150万円の場合、Aが遺留分侵害額請求権を行使すると、Fは贈与を受けた100万円の限度でAに金銭を支払う義務を負うことになります。残りの50万円については、Aは支払義務を負いません。当然といえば当然なのですが、しっかりと押さえておきましょう。

また、その特則として、受遺者または受贈者が相続人である場合は、その者は、遺贈または贈与の目的の価額から自らの遺留分額を控除した額を限度として、遺留分侵害額を負担する（1047条1項柱書第3かっこ書）。

すなわち、受遺者または受贈者である相続人は、その受けた遺贈または贈与の価額の全額について遺留分侵害額を負担するのではなく、自らの遺留分額を超える部分を限度として遺留分侵害額を負担するにとどまるわけである。この点も当然といえよう。

カ　受遺者・受贈者が複数ある場合

受遺者または受贈者が複数ある場合は、1047条1項各号が定める以下の①から④の規律によって、遺留分侵害額を負担するべき者や額が決まる。

①受遺者と受贈者とがある場合は、受遺者が先に負担する（1047条1項1号）。

なお、死因贈与の受贈者は、受遺者に類似することから（554条参照）、受遺者の負担の後、受贈者の中で最初に遺留分侵害額を負担する（**東京高判平成**

12・3・8百選Ⅲ99）。

②受遺者が複数ある場合は、遺言者が遺言に別段の意思を表示した場合を除き、各受遺者がその目的物の価額に応じて遺留分侵害額を負担する（1047条1項2号）。

③受贈者が複数あり、かつその贈与が同時にされた場合も、遺言者が遺言に別段の意思を表示した場合を除き、各受贈者がその目的物の価額に応じて遺留分侵害額を負担する（1047条1項2号）。

④受贈者が複数あり、かつその贈与が異時にされた場合は、後の贈与にかかる受贈者から順次、前の遺贈にかかる受贈者が遺留分侵害額を負担する（1047条1項3号）。

これらの内容は、できれば覚えておこう。

これらの内容の覚え方は、実は簡単です。

まず、**遺留分侵害額の支払義務は、財産の取得時期が現在に近い者から**順次負担していきます。そのため、受遺者と受贈者では受遺者が先に負担し（➡①）、古い贈与と新しい贈与がある場合は新しい贈与を受けた者が先に負担します（➡④）。

また、**財産の取得時期が同時**の場合は、順位を付けることができないため、各人がその**目的物の価額に応じて**支払義務を負担することになるわけです（➡②、③）。

キ　無資力の負担

受遺者や受贈者が無資力だった場合は、その損失は遺留分権利者が負担する（1047条4項）。

すなわち、遺留分権利者は、ある受遺者や受贈者から金銭の支払を受けられなかった分を、他の受遺者や受贈者に転嫁して請求することはできないわけである。

この規定は、本来ならば遺留分侵害額の負担を課されないはずの者に、他の同順位者や先順位者の無資力の危険を負担させるのは相当でない、という趣旨から定められたものである。

ク　遺留分侵害額請求権の期間制限

遺留分侵害額請求権は、遺留分を侵害する贈与または遺贈があったことを知った時から1年行使しないときは、時効によって消滅する。相続開始の時から10年を経過したときも、同様である（1048条）。これらは覚えておこう。

なお、この 1048 条の期間制限は、形成権としての遺留分侵害額請求権をその対象とするものであり、遺留分侵害額請求権の行使の結果生じる金銭支払請求権をその対象とするものではない（➡ 203 ページ **イ**参照）。かかる金銭支払請求権は、1048 条ではなく、債権の消滅時効の一般原則である 166 条 1 項に服する。この点は注意をしておこう。

　また、全財産が一部の相続人に遺贈された場合において、他の相続人が、遺贈の効力を争うことなく遺産分割協議の申入れをしたときは、特段の事情のない限り、遺留分侵害額請求権の行使の意思表示があったものと解してよい（最判平成 10・6・11 民集 52-4-1034 参照）。遺留分侵害額請求権を行使しない限り、遺産分割協議の申入れをした相続人には取り分が一切なく、遺産分割協議の申入れは無意味となるからである。

6　遺留分の放棄　B⁺

　相続放棄とは異なり、遺留分は、相続開始前に放棄することができる（➡ 115 ページ **イ**対照）。ただし、相続開始前に遺留分を放棄するには、家庭裁判所の許可が必要である（1049 条 1 項）。

　これに対し、相続開始後に遺留分を放棄するには、家庭裁判所の許可は不要である。

　共同相続人の 1 人のした遺留分の放棄は、他の共同相続人の遺留分に影響を及ぼさない（1049 条 2 項）。他の共同相続人の遺留分は増加せず、被相続人が自由に処分できる範囲が増加するにとどまるわけである。

第 **3** 編

参考資料
令和4（2022）年
改正前の制度

　今までにも何度か述べてきたとおり、令和4
（2022）年に親族法が大きく改正された。試験
対策としては、改正前の内容を知っておく必要は
原則としてないが、合格後に過去の判例や文献を
自力で参照する際には、改正前の内容についての
知識が必要となることもありえよう。
　そこで、以下では、参考資料として、令和4年
改正前の親族法の内容のうち、重要なものについ
て説明することとした。試験対策としては無視し
て構わないが、合格後には必要に応じて参照して
ほしい。

1. 女性の再婚禁止期間

女性は、前婚の解消の日または取消しの日から起算して100日間は、再婚することができない（733条1項）。この再婚禁止期間は、憲法で学んだとおり、772条による父性の推定の重複を回避し、父子関係をめぐる紛争や父性確定の困難を避けるための制度である。

ただし、①女性が前婚の解消または取消しの時に懐胎していなかった場合は、再婚禁止期間は適用されない（733条2項1号）。この場合は、父子関係をめぐる紛争や父性確定の困難は生じないからである。

また、②女性が前婚の解消または取消しの後に出産した場合は、再婚禁止期間は適用されなくなる（733条2項2号）。この場合は、出産した子は前婚の解消または取消しの前に懐胎した子であり、次の子は前婚の解消または取消しの後に懐胎した子であることが明らかなため、やはり父子関係をめぐる紛争や父性確定の困難は生じないからである。

この再婚禁止期間に違反した婚姻は、取消しの対象となる（743条・744条。なお、746条も参照）。

2. 嫡出推定　Ａ

1　772条1項による嫡出推定

772条1項は、「妻が婚姻中に懐胎した子は、夫の子と推定する」と定めている。

この規定は、まず、①母が婚姻中に懐胎した子の法律上の父は、母の夫であると推定するという父子関係の推定（父性の推定）を定めている。

また、それとともに、②母が婚姻中に懐胎した子に対して「嫡出子」という

身分を与えることをも定めていると解されている（772条の見出し参照）。

　そのため、この772条1項によって夫の子と推定することは、嫡出推定とよばれている。

2　772条2項による懐胎時の推定

　嫡出推定の要件は、妻が「婚姻中に懐胎」したことである。しかし、妻がいつの時点で「懐胎した」のかについては、証明は容易でない。

　そこで、772条2項は、「婚姻の成立の日から200日を経過した後又は婚姻の解消若しくは取消しの日から300日以内」に生まれた子は、「婚姻中に懐胎したものと推定」すると定めている。

> この推定の始期は「婚姻の成立の日から200日を経過した後」であり、終期は「婚姻の解消若しくは取消しの日から300日」目です。条文では両者は「又は」で接続されていますが、この「又は」という文言は、「から」とか「ないし」という意味に読んでいくわけです。

　したがって、「婚姻の成立の日から200日を経過した後」から「婚姻の解消若しくは取消しの日から300日以内」に生まれた子は、772条2項によって1項の要件である「婚姻中に懐胎した」ことが推定され、その結果、1項によって「夫の子」であると推定される、という2段階の推定を受けることになる。

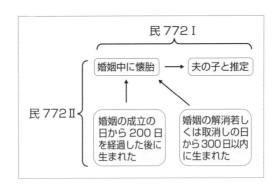

3　具体例

　以上の772条による推定を、簡単な具体例を通じて確認しておこう。

　まず、X女がAと婚姻してから200日を経過した後に子が生まれた場合、X

女はAとの婚姻中にその子を懐胎したものと推定される（772条2項前段）。したがって、生まれた子は、X女の夫であるAの子と推定され、かつ嫡出子たる身分を取得する（同条1項）。

　X女がAと離婚した場合も、離婚したのが婚姻してから200日を経過した後だったのであれば、離婚から300日以内に生まれた子は、やはりAの子と推定される。たとえば、X女とAが婚姻してから210日後に離婚し、それから100日後に子を出産した場合は、X女はAとの婚姻中にその子を懐胎したものと推定される（772条2項後段）。したがって、生まれた子はX女の夫であったAの子と推定される（同条1項）。

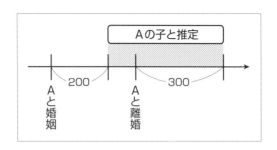

　次に、婚姻してから200日を経過した後にX女がAと離婚し、100日間の再婚禁止期間の経過後にBと再婚し、再婚から150日後に子が生まれた場合はどうか。この場合は、子はBとの婚姻の成立から150日後に生まれているため、X女はBとの婚姻中に子を懐胎したものとは推定されない（772条2項前段の要件を充足しない）。その一方で、X女とAの離婚の日から300日以内に生まれていることから、X女はAとの婚姻中に子を懐胎したものと推定される（同条2項後段）。したがって、生まれた子はX女の前の夫であったAの子と推定される（同条1項）。

　では、X女がBと再婚してから200日を経過した後に子が生まれた場合はどうか。この場合は、X女はBとの婚姻中に子を懐胎したものと推定される一方（772条2項前段）、Aとの婚姻中に子を懐胎したものとは推定されない（同条2項後段の要件を充足しない）。したがって、生まれた子はBの子と推定される（同条1項）。

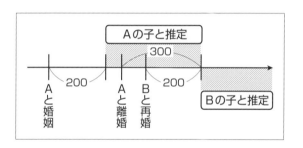

3. 嫡出子

以上の772条に関連する重要（かつやや複雑）な概念が、嫡出子である。

嫡出子とは、婚姻関係にある男女から生まれた子をいう。

> 嫡出子という概念は、本来は、妻が婚姻中に懐胎した子のことをいいました。この意味での嫡出子は、必ず772条1項による推定を受けることになります。
>
> しかし、戸籍実務においては、婚姻前に懐胎した場合であっても、その後に婚姻（いわゆる「授かり婚」）してその婚姻中に出生した子については、嫡出子として出生の届出がされた限り、嫡出子として戸籍に記載する取扱いとなっています。
>
> そのため、嫡出子とは、懐胎の時期を問わず、広く婚姻関係にある男女から生まれた子と定義するべきこととなったわけです。

そして、この嫡出子の定義から、嫡出子は、①推定される嫡出子と②推定されない嫡出子に分かれることになる。

1 推定される嫡出子

まず、772条による嫡出推定を受ける嫡出子を、①推定される嫡出子という。

2 推定されない嫡出子

これに対し、嫡出子にはあたるものの、772条による嫡出推定を受けない子を、②推定されない嫡出子という。

たとえば、初婚のA女がBと婚姻してから100日目に出産した子Cは、婚姻関係にある男女から生まれた子であるから、嫡出子にあたる。しかし、772

条2項の要件を満たさないため、同条1項による嫡出推定を受けない。このような嫡出子を、推定されない嫡出子というわけである。

3 推定の及ばない子

さらに、772条の要件を形式的には満たすものの、なお同条による嫡出推定が排除される（嫡出推定が及ばない）場合があると解されている。この場合の子を、③推定の及ばない子という。

では、どのような場合に772条による嫡出推定が排除されるのだろうか。

判例は、夫婦間の性交渉がありえないことが外観上明白な場合には、嫡出推定が排除されるとしている（最判平成10・8・31家月51−4−33、最判平成12・3・14家月52−9−85）。

この判例の立場からは、たとえば、夫が妻の懐胎の時点で刑事収容施設に収容されていたような場合は、嫡出推定が排除される。

他方で、DNA型鑑定によって夫と子の間の生物学上の父子関係が否定されたような場合であっても、嫡出推定は排除されない（**最判平成26・7・17百選Ⅲ29**）。

また、性同一性障害者特例法によって女性から男性に性別を変更した後に婚姻し、その妻が懐胎・出産した場合も、嫡出推定は排除されない（**最決平成25・12・10百選Ⅲ37**）。性別の変更後の婚姻を認めているにもかかわらず、婚姻の主要な効果である嫡出推定を否定するというのは、相当ではないからである。

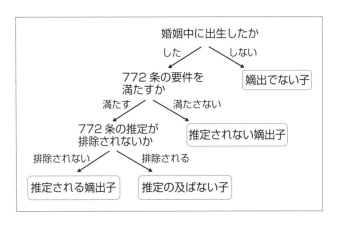

4. 父子関係に関する訴え A

1 嫡出否認の訴え

　推定される嫡出子（➡ 212 ページ **1**）は、夫の子と「推定」されるだけであり、夫の子と擬制されるわけではない。したがって、本来、この嫡出推定を争って父子関係を否認することもできるはずである。

　ただし、嫡出推定を争って父子関係を否認するためには、嫡出否認の訴えによらなければならない（775 条前段）。嫡出否認の訴えを提起して裁判所の認容判決を得なければ、推定される嫡出子との父子関係を否認することはできないわけである。

　しかも、この嫡出否認の訴えには、以下の厳格な制限が定められている。

　まず、この嫡出否認の訴えは、夫だけが提起することができる（774 条。例外として人事訴訟法 41 条）。妻や子は、嫡出否認の訴えを提起することができないわけである。なお、被告となるのは、子または親権を行う母である（775 条前段。例外について同条後段）。

　また、嫡出否認の訴えは、夫が子の出生を知った時から 1 年以内に提起しなければならない（777 条）。

　さらに、夫が子の出生後にその嫡出性を承認したときは、否認権は消滅する（776 条）。

　嫡出否認について、以上のような厳格な制限が定められている趣旨は、第三者の介入を防いで家庭の平和を守ること、および子の身分関係の法的安定を保持することにある。

2 親子関係不存在確認の訴え

　以上に対し、推定されない嫡出子（➡ 212 ページ **2**）や、推定の及ばない子（➡前ページ **3**）との父子関係を否定するには、嫡出否認の訴えではなく、親子関係不存在確認の訴え（人事訴訟法 2 条 2 号）によることになる。これらの子は、嫡出推定を受けないため、厳格な制限のある嫡出否認の訴えの対象とはな

らないわけである。

　親子関係不存在確認の訴えについては、訴えを提起できる者や出訴期間の制限は、特に定められていない。したがって、確認の訴えの利益が認められる限り、誰でも、いつでも、訴えを提起して父子関係を否定することができる。

　なお、たとえDNA型鑑定によって父と子の血縁関係が否定された場合であっても、772条による嫡出推定は否定されない（➡213ページ**3**）。したがって、かかる場合に、親子関係不存在確認の訴えをもって父子関係の存否を争うことはできず、嫡出否認の訴えによらなければならない（**最判平成26・7・17百選Ⅲ29**）。

> 　そのため、たとえば推定される嫡出子が生まれてから2年後にDNA型鑑定を行って血縁関係がないことがわかったとしても、1年の出訴期間を超えている以上、夫は嫡出否認の訴えを提起することはできず（777条）、父子関係を否定することは一切できないということになります。

3　父を定める訴え

　女性が再婚禁止期間（➡209ページ**1.**）に違反して婚姻したために、嫡出推定が重複している場合については、父を定める訴えを提起することができる（773条）。

【父子関係に関する訴え】

推定される嫡出子*	嫡出否認の訴え ：夫だけ可、知った時から1年以内だけ可
推定されない嫡出子	親子関係不存在確認の訴え ：誰でも、いつでも可
推定の及ばない子	
嫡出推定が重複している場合	父を定める訴え

＊DNA型鑑定によって生物学上の父子関係が否定された子を含む

論証カード

偽装結婚の意思で婚姻の届出をした事案。　　　　　　A

—　—　—　—　—　—　—　—　—　—　—　—　—　—　—　—　—　—

　本件の婚姻は有効か。婚姻意思に欠ける婚姻は無効であるところ（742 条 1 号）、婚姻意思の内容をいかに解するべきかが問題となる。

　そもそも、生活事実のないところに法的関係を認めるべきではない。

　そこで、婚姻意思とは、社会観念上夫婦と認められる関係を作ろうとする意思をいうと解する。

　本件の婚姻の当事者は、偽装結婚の意思で婚姻の届出をしているため、婚姻意思が認められない。よって、本件の婚姻は無効である。

備考：①届出が受理された当時意識を失っていた場合であっても、将来婚姻することを目的に性的交渉を続けてきた者が、婚姻意思を有し、かつ、その意思に基づいて婚姻の届書を作成したときは、その受理前に翻意したなど特段の事情のない限り、右届書の受理により婚姻は有効に成立する（判例）。

②A が B の意思に基づかないで勝手に A・B の婚姻届を作成し、婚姻の届出をした場合、B の婚姻意思に欠けるため、婚姻は無効である。ただし、A・B に夫婦としての実質的生活関係が存在しており、後に B が右届出の事実を知ってこれを追認したときは、116 条の類推適用により、婚姻はその届出の当初にさかのぼって有効となる（判例）。

> Ａの病気による入院療養が長期に及んだため、Ａの妻Ｂが、Ａの医療費調達の目的で、Ａに無断で、Ａを代理してＡ所有の土地をＣに売却した。ＣはＡに対して、Ｂによる代理行為の効果を主張できるか。

A

1　仮に、夫婦相互に法定代理権が認められ、かつＢの代理行為がその法定代理権の範囲内であれば、ＣはＡに対してＢによる代理行為の効果を主張できる。

（1）　まず、夫婦相互に法定代理権が認められるか。

　　明文はないものの、夫婦生活を維持するうえでの便宜を図るべく、761 条を根拠にして、夫婦相互に日常の家事に関する法律行為の法定代理権が認められると解する。

（2）　では、本件のＢの代理行為は、かかる法定代理権の範囲内か。

　　かかる判断は、相手方の取引安全の見地から、単に夫婦の共同生活の内部的な事情やその行為の個別的な目的のみを重視してなされるべきではなく、さらに客観的に、その法律行為の種類、性質等をも十分に考慮してなされるべきである。

　　本件でＢがなした行為は、「土地」という高額な物の売買であるから、客観的にみて、日常の家事に関する法律行為とはいえない。

　　よって、Ｂの行為は、夫婦相互の法定代理権の範囲を超えた無権代理行為であるから、Ａの追認がない限り無効である（113 条 1 項）。

2　もっとも、761 条の法定代理権を基本代理権として、110 条の表見代理が成立しないか。

（1）　761 条の法定代理権が 110 条の基本代理権にあたると解しては、夫婦別産制（762 条 1 項）の趣旨を没却する。

　　そこで、761 条の法定代理権は、基本代理権にあたらないと解する。

　　もっとも、相手方の取引安全の見地から、当該行為が当該夫婦の日常の家事に関する法律行為の範囲内に属すると信じるにつき正当の理由がある場合には、110 条の趣旨を類推適用して、相手方は本人への効果帰属を主張できると解する。

（2）　本件では、Ｃにかかる信頼があったとみられる事情はないから、110 条の趣旨を類推適用できない。

3　以上から、Ａの追認がない限り、ＣはＡに対して、Ｂによる代理行為の効果を主張できない。

備考：Ｃが「Ｂに代理権がある」と無過失で信じたとしても、110 条の趣旨は類推適用されない。

身勝手に家出をして不貞相手と 10 年以上同居している X が、配偶者 Y を相手方として、770 条 1 項 5 号の「婚姻を継続し難い重大な事由」があるとして離婚の訴えを提起した。Y は、X との間にできた 11 歳の子 A とともに、X からの送金で細々と生活してきた。裁判所は X の請求を認容することができるか。　　　　　　　　　　　**A**

1　本件では、X と Y は 10 年以上にわたって別居しており、XY 間の婚姻生活は破綻している。

　　したがって、770 条 1 項 5 号の「婚姻を継続し難い重大な事由」は認められる。

2　もっとも、X は、自ら婚姻生活を破綻に招いた有責配偶者にあたる。

　　そこで、かかる有責配偶者による離婚請求は許されるのかが問題となる。

(1)　有責配偶者による 770 条 1 項 5 号に基づく離婚請求は、それが信義則に反しない場合に限って認容されうると解する。

　　具体的には、①別居期間の長短、②未成熟子の有無、③その他の事情などを総合的に考慮して判断するべきである。

(2)　本件でみるに、確かに別居期間は 10 年という長期にわたっている（①）。

　　しかし、XY 間には Y と同居する 11 歳の未成熟子 A が存在すること（②）、および Y と A の生活の原資は X からの送金であること（③）からすれば、Y は離婚により精神的・社会的・経済的にきわめて苛酷な状態におかれるものと思われる。

　　したがって、X の離婚請求は信義則に反するというべきであるから、裁判所は X の請求を認容することはできない。

備考：別居期間については、実務では 8 年から 9 年程度が一応の目安とされることが多い。

ＡとＢが離婚し、ＡはＢに対する財産分与請求権を取得したが、その具体的な内容は未だ定まっていない。ＢはＣに対する 100 万円の金銭債権を有するが、その他に見るべき資産はない事案。　**B⁺**

　　Ａは、ＡのＢに対する財産分与請求権を被保全債権として、ＢのＣに対する金銭債権を代位行使（423 条 1 項）することができるか。

　　財産分与請求権は、協議や家庭裁判所による審判などによって具体的内容が形成されるまではその範囲や内容が不確定・不明確である。

　　したがって、その具体的内容が形成されるまでは、債権者代位権の被保全債権たりえないと解する。

　　本件でみるに、ＡのＢに対する財産分与請求権の具体的な内容は未だ形成されていないから、被保全債権たりえない。

　　よって、ＡはＢのＣに対する金銭債権を代位行使することはできない。

備考：①協議や審判などによって財産分与請求権の具体的内容が形成されている場合は、分与権者は財
　　　　産分与請求権を債権者代位権の被保全債権とすることができる。
　　　②詐害行為取消しについても同様に解してよい。

論証 5　財産分与の詐害行為取消し　➡ 29 ページエ

　ＡとＢが離婚し、Ａは財産分与としてＢに 1000 万円を支払った。無資力のＡに対して 1000 万円の債権を有するＸは、かかる財産分与の詐害行為取消しを請求することはできるか。　**B**⁺

　Ｘが詐害行為取消しを請求することができるためには、ＡのＢに対する財産分与が詐害行為（424 条 1 項）にあたることが必要である。

　では、財産分与は詐害行為にあたるか。

　この点について、分与者が債務超過の場合は詐害行為にあたるとする見解がある。

　しかし、分与者の債務は財産分与の際に考慮すべき一事情にすぎないというべきであるから（768 条 3 項参照）、分与者が債務超過の場合は直ちに詐害行為にあたると解するのは妥当でない。

　そこで、財産分与が 768 条 3 項の規定の趣旨に反して不相当に過大であり、財産分与に仮託してされた財産処分であると認めるに足りるような特段の事情があるときに限って、しかも不相当に過大な部分についてのみ、財産分与は詐害行為にあたると解する。

　これを本件でみるに…… ［以下、あてはめ］。

論証 6　生存内縁配偶者の保護その 1　➡ 36 ページア

　ＡとＢは長年にわたり内縁関係にあったところ、Ａが死亡した。Ａには法律上の配偶者Ｃがいる。ＢはＡの遺産を取得することができるか。　**B**⁺

　ＢはＡの内縁配偶者であるから、Ｂには相続権は認められない。

　また、本件のように内縁配偶者が死亡した場合に、離婚の財産分与の規定（768 条）を類推適用することもできないと解する。

　なぜなら、かかる類推適用を肯定すると、相続による財産承継の構造の中に異質の契機を持ち込むことになるが、それは法の予定しないところというべきだからである。

　よって、ＢはＡの遺産を取得することはできない。

備考：①Ａに相続人がいない場合は、Ｂは特別縁故者として遺産を取得しうる（➡ 174 ページ **4**）。

　　　②内縁関係の解消の場合は、離婚の財産分与の規定（768 条）が類推適用される。

Bは、内縁関係にある A が賃借する甲建物で A と同居していたが、A が死亡した。甲建物の賃貸人 X からの明渡請求に対し、B は明渡しを拒むことができるか。A の唯一の相続人である Y からの明渡請求に対してはどうか。

B⁺

1　X からの明渡請求について

　確かに、B は A の内縁配偶者であるから、B には相続権は認められない。したがって、B は A の賃借権を相続によって取得することはできない。

　もっとも、賃貸人 X からの明渡請求に対しては、B は A の唯一の相続人である Y が相続した賃借権を援用して、明渡しを拒むことができると解する。

2　Y からの明渡請求について

　Y からの明渡請求に対しては、B は、Y が相続した賃借権を援用するという法律構成をとることはできない。

　しかし、Y からの明渡請求は権利の濫用（1 条 3 項）にあたり、B は明渡しを拒むことができると解する。

備考：①死亡した内縁配偶者に相続人がいない場合は、同居人たる生存内縁配偶者は、相続人なしに死亡したことを知った後 1 か月以内に建物の賃貸人に反対の意思を表示したときを除き、建物の賃借人の権利・義務を承継する（借地借家法 36 条 1 項）。

　　　②同居している建物を死亡した内縁配偶者と生存内縁配偶者が共有していた場合については、165 ページイを参照。

論証 8　利益相反行為の判断基準　　➡ 72 ページ **3**

Ａの親権者であるＢが、他人であるＣのＤ銀行に対する債務を担保するため、Ａを代理して、Ａ所有の土地に抵当権を設定する契約をＤ銀行との間で締結した事案。　　　　**A⁺**

　親権者であるＢは、Ａの包括的代理権を有する（824 条本文）。

　もっとも、Ｂによる代理行為は、利益相反行為（826 条 1 項）にあたり、無権代理として無効なのではないか（108 条 2 項本文）。

　利益相反行為にあたるか否かは、相手方の取引安全を図るべく、行為の外形から客観的に判断するべきである。

　本件でみるに、Ｂの行為は、Ａの債務ではなくＣの債務の担保を設定する行為である。したがって、Ａの意図を問わず、利益相反行為にはあたらない。

備考：①この後に代理権の濫用を論じることが多い（➡民法総則［第 3 版］213 ページ **2**）。
　　　②親権者の利益相反行為には、親権者と子の利益相反（826 条 1 項）に加え、子と子の利益相反（同条 2 項）もある点に注意。

論証 9　相続欠格　　➡ 107 ページイ

Ｘの死後、子ＡはＸ作成の有効な遺言書を発見した。その遺言書には「遺産はすべて子Ｂに相続させる」と記載されていた。Ｘの遺産をあてにしていたＡは、その遺言書を秘密裏に破棄した事案。　　**B**

　Ａは、「相続に関する被相続人の遺言書を……破棄」した者（891 条 5 号）として、相続欠格者にあたるのではないか。

　相続欠格は、相続制度の基礎を破壊するような重大な非行をした者に対する民事上の制裁であるところ、行為者が不当に利益を得る意思を有していた場合に限って、かかる制裁に値するというべきである。

　そこで、891 条 5 号が適用されるためには、行為者が、故意に加えて、その行為によって不当に利益を得る意思を有していたことが必要と解する。

　本件でみるに、ＡはＸの遺産をあてにしていたことに照らせば、Ａが遺言書を破棄したのは、「遺産はすべて子Ｂに相続させる」との遺言の内容の実現を妨害し、もって自己の利益を得るためだったと認められる。

　よって、Ａは、故意に加えて、不当に利益を得る意図も有していたといえ、891 条 5 号の相続欠格者にあたる。

論証 10　相続放棄の詐害行為取消し　　➡ 117 ページエ

債務超過の X が死亡したところ、X の子 A は相続を放棄した。A には十分な資力がある。X に対する貸金債権を有している Y は、A の相続放棄は詐害行為にあたるとしてその取消しを請求することができるか。

B⁺

―――――――――――――――――――――――――――――――――

　Y が A の相続放棄の詐害行為取消しを請求することができるためには、A が行った相続放棄が詐害行為（424 条 1 項）にあたることが必要である。

　この点について、相続放棄が詐害行為にあたると解すると、債務の相続を強制することになり不当である。

　また、被相続人に対する債権者は、本来の債務者たる被相続人の財産のみをあてにするべきであって、相続人の財産から満足を得ようという期待は保護されるべきではない。

　したがって、相続放棄は、詐害行為にあたらないと解するべきである。

　よって、Y の請求は認められない。

備考：遺産分割協議は詐害行為取消しの対象となりうる（➡ 148 ページオ）。

論証 11　死亡保険金請求権の特別受益該当性　➡ 128 ページ（キ）

X は、自らを被保険者とする死亡保険に加入し、子 A を死亡保険金の受取人に指定していた。その後、X が死亡し、子 A・B・C が X を相続した。遺産分割において、A が取得した死亡保険金請求権について生じる法的問題を検討せよ。

B

―――――――――――――――――――――――――――――――――

　A が取得した死亡保険金請求権は、特別受益（903 条 1 項）にあたり、持戻しの対象となるかが問題となる。

　死亡保険金請求権は、保険金受取人が自らの固有の権利として取得するものというべきであって、被相続人から承継取得するものではない。

　したがって、903 条 1 項の特別受益にはあたらないと解する。

　もっとも、903 条の趣旨は、共同相続人間の公平にある。

　そこで、保険金受取人である共同相続人とその他の共同相続人との間に生ずる不公平が 903 条の趣旨に照らし到底是認することができないほどに著しいものであると評価すべき特段の事情が存する場合には、903 条の類推適用により、当該死亡保険金請求権は特別受益に準じて持戻しの対象となると解する。

　本件でみるに……［以下、あてはめ］。

P 銀行に対する 600 万円の預貯金債権を残して X が死亡し、子 A・B が X を相続した。AB 間の遺産分割は未了である。A は、P 銀行に対して、300 万円の払戻しを請求することができるか。　　**A**

　P 銀行に対する預貯金債権が相続分に従って当然に分割されるのであれば、A は P 銀行に対して 300 万円の払戻しを請求することができる（900 条 4 号）。

　では、預貯金債権は当然に分割されるか。

　確かに、分割債権・債務の原則（427 条）に照らせば、可分債権は相続分に従って当然に分割されるのが原則と解される。そして、預貯金債権も可分債権にあたる。

　しかし、預貯金債権は、具体的な遺産分割の方法を定めるにあたっての調整に資する財産として現金に近い性質を有する。

　そこで、預貯金債権は、当然に分割されることはなく、遺産分割の対象となると解するべきである。

　本件でも、P 銀行に対する 600 万円の預貯金債権は当然には分割されず、したがって A の本件請求は認められない。

　ただし、A は、債権額 600 万円の 3 分の 1 に A の法定相続分である 2 分の 1（900 条 4 号）を乗じた 100 万円については、P 銀行に対して単独で請求することができる（909 条の 2 前段）。

備考：共同相続人の共有に属する財産が共同相続人全員の合意によって売却された場合の売却代金債権は、これを遺産分割の対象に含める合意をするなどの特別の事情のない限り、相続財産には加えられず、共同相続人が各持分に応じて個々にこれを分割取得する（判例）。

Xは甲土地を賃料月額 10 万円で Y に賃貸していたところ、X が死亡し、子 A・B が X を相続した。
① 遺産分割が未了の段階で、A は、Y に対して賃料の半額である 5 万円の支払いを毎月請求することはできるか。
② 相続開始から 1 年後、AB 間で甲土地は B が取得するとの遺産分割が成立した。それまでの間、賃料の半額として、A は Y から合計 60 万円の支払いを受けていた。B は、A に対して、かかる 60 万円の返還を請求することができるか。　　　　　　　　　　　　**B⁺**

─────────────────────────────

1　①について

　Y に対する X の賃料債権が相続によって当然に分割されるのであれば、A は 5 万円の支払いを毎月請求することができる（900 条 4 号）。

　では、賃料債権は当然に分割されるか。

　分割債権・債務の原則（427 条）に照らせば、可分債権は相続分に従って当然に分割されるのが原則であり、賃料債権も、この原則のとおり当然に分割されると解する。

　よって、A は上記請求をすることができる。

2　②について

　AB 間では、賃貸に供されている甲土地を B が取得するとの遺産分割が成立している。

　そして、遺産分割には遡及効がある以上（909 条本文）、相続の開始後、遺産分割が成立するまでの間に A が Y から取得した 60 万円は、遡及的に不当利得となり、B の A に対する不当利得返還請求（703 条）が認められるとも思える。

　しかし、紛争の一回的処理の要請に照らせば、上記 1 で述べた賃料債権の取得は、その後にされた賃貸不動産の遺産分割の影響を受けないと解するべきである。

　よって、A には不当利得が認められず、B は上記請求をすることはできない。

備考：賃借人が死亡した場合の賃料債務は、特段の事情のない限り不可分債務として相続される（判例）。

Ｘが死亡し、子Ａ・Ｂ・Ｃが相続したところ、ABC 間で、①Ａが唯一の遺産である甲土地を取得する、②その代わりにＡはＢに対して 2000 万円を支払う、③Ｃは何も取得しない旨の遺産分割協議が成立した。この遺産分割協議に基づき、Ａは甲土地の所有権移転登記を具備したが、Ｂが再三の催告を行ったにもかかわらず、ＡはＢに2000 万円を支払わない。ＢはＡの債務不履行を理由として、ABC 間の遺産分割協議を解除することができるか。　　**A**

Ｂは、遺産分割協議を催告解除（541条）することができないか。

仮にかかる解除を肯定すると、遡及効（909条本文）を有する遺産再分割を余儀なくされ、法的安定性が著しく害される。

また、共同相続人全員が再度分割をやり直すのは実際上困難である。

したがって、債務不履行を理由とする遺産分割協議の解除は認められないと解する。

よって、Ｂは催告解除することはできない。

備考：共同相続人全員の合意による合意解除は、共同相続人全員が欲している以上、当然に可能と解してよい。

Ｘには子Ａ・Ｂ・Ｃがいるところ、Ｘが甲土地を残して死亡した。Ａは相続を放棄した。Ｂは甲土地の２分の１の持分の取得を登記なくして第三者に対抗できるか。　**Ａ**

　Ｂによる甲土地の２分の１の持分の取得が、Ｂの「相続分」（899 条の 2 第 1 項）を超えない取得なのであれば、Ｂは甲土地の２分の１の持分の取得を登記なくして第三者に対抗することができる（同項反対解釈）。

　そこで、本件のように共同相続人の１人が相続放棄をした場合の「相続分」の意義をいかに解するかが問題となる。

　債務超過の相続人を救済するという相続放棄の趣旨に照らせば、相続放棄の遡及効（939 条）は徹底されるべきである。

　そこで、共同相続人の１人が相続放棄をした場合の「相続分」とは、相続放棄を受けて定まる相続分をいうと解する。

　本件でみるに、Ｂの甲土地の２分の１の持分の取得は、Ａの相続放棄を受けて定まるＢの法定相続分の範囲内の取得であるから、Ｂの「相続分」を超えない取得にあたる。

　よって、Ｂは甲土地の２分の１の持分の取得を登記なくして第三者に対抗できる。

備考：Ａの債権者がＡの持分を差し押さえた場合、かかる差押えは無効である。

Ｘの子Ａが、Ｘの許諾を得て、Ｘが所有している甲建物に無償でＸと同居していたところ、Ｘが死亡し、子Ａ・Ｂ・ＣがＸを相続した。甲建物にはＡが居住し続けている。遺産分割は未了である。甲建物をめぐるＡＢＣ間の法律関係を検討せよ。　　　　　　　　　　　　**B⁺**

————————————————————————————————

1　ＢおよびＣ（以下、「Ｂら」という）は、Ａに対して甲建物の明渡しを請求することができるか。

　甲建物は、ＡＢＣの共有に属し（898 条１項）、Ａは３分の１の持分を有する（同条２項、900 条４号）。

　そして、Ａは、その持分に応じて甲建物の全部を使用することができる（249 条１項）。

　したがって、Ｂらは、Ａに対して当然には甲建物の明渡しを請求することはできないと解する。

2　では、Ｂらは、249 条２項に基づき、Ａに対して、Ａの持分を超えた使用利益の対価の償還を請求することはできるか。

⑴　共同相続人の１人が相続開始前から被相続人の許諾を得て遺産である建物において被相続人と同居してきた場合は、特段の事情のない限り、被相続人の死亡後、少なくとも遺産分割が終了するまでの間は、当該建物を使用貸借に供する旨の合意があったと推認するのが妥当である。

　　したがって、被相続人が死亡したときは、少なくとも遺産分割が終了するまでの間は、被相続人の地位を承継した他の相続人と同居の相続人との間に、使用貸借という「別段の合意」（249 条２項）が認められるため、対価の償還請求は否定されるものと解する。

⑵　本件でみるに、Ａは相続開始前からＸの許諾を得て甲建物においてＸと同居していた。また、本件建物を使用貸借に供する旨のＸＡ間の合意を否定するような特段の事情は認められない。

　　したがって、ＡＢＣ間には甲建物の使用貸借という「別段の合意」（249 条２項）が認められるため、Ｂらは対価の償還を請求することはできない。

備考：内縁の夫婦が共有する不動産を居住または共同事業のために共同で使用してきた場合も、特段の事情のない限り、両者の間において、その一方が死亡した後は他方が当該不動産を単独で使用する旨の合意が成立していたものと推認するのが相当である（➡ 165 ページイ）。

Ｘが死亡し、子Ａ・Ｂ・ＣがＸを相続した。ところが、Ａ・Ｂは、Ｃの存在を無視して、相続財産中の２つの不動産につき、それぞれ相続によりＡ・Ｂが取得したとして、相続を原因とする単独名義の所有権移転登記を経由した。Ｃは、Ａ・Ｂによるこのような相続権侵害の事実を知ってから７年後に、各不動産に３分の１の共有持分権を有することを理由として、Ａ・Ｂの移転登記の抹消を請求した。このＣの請求に対し、Ａ・Ｂは、Ｃの相続回復請求権は 884 条が定める短期消滅時効によって消滅していると主張した。このＡ・Ｂの主張は認められるか。　　　　　　　　　　　　　　　　　　　　　　　　　　　　**A**

　本件では、Ｃは相続権侵害の事実を知ってから７年後に本件の請求をしている。よって、相続回復請求権につき５年間の短期消滅時効を定める 884 条が適用されるのであれば、Ａ・Ｂの主張は認められる。

　では、本件のような共同相続人間の争いにも 884 条は適用されるか。

　884 条の趣旨は、相続権の帰属およびこれに伴う法律関係を早期にかつ終局的に確定する点にあるところ、かかる趣旨は、共同相続人間の争いにも妥当する。

　よって、884 条は適用されると解する。

　もっとも、他の共同相続人の存在について悪意の共同相続人や、善意であっても善意であることにつき合理的な事由がない共同相続人は、884 条による保護に値しない。

　そこで、共同相続人は、他の共同相続人の存在について善意であり、かつ善意であることにつき合理的な事由がある場合に限って、884 条の短期消滅時効を援用することができると解する。

　本件でも、Ａ・ＢがＣの存在について善意であり、かつ善意であることにつき合理的な事由がある場合に限り、Ａ・Ｂの主張は認められる。

備考：援用の要件がみたされるのは、Ｃがいわゆる「藁の上からの養子」として他人の実子として届けられていた場合や、死後認知によって新たに相続人となった場合などに限られる。

Xが死亡し、子A・B・CがXを相続した。遺産分割協議によって遺産のうち甲土地はAが取得することになったため、Aは甲土地の登記を備え、善意無過失で甲土地の占有を開始した。占有の開始から15年後、実はAは産院で他の新生児と取り違えてXに引き渡された子であり、Xの子ではないことが判明したため、親子関係不存在確認の訴えが提起され、XA間の親子関係の不存在が確定した。その直後、B・CはAに対して甲土地の所有権移転登記の抹消と明渡しを求める訴えを提起したところ、Aが甲土地の取得時効を援用した事案。　**B**

　Aは、甲土地を、所有の意思をもって平穏・公然に10年以上占有しており、かつ占有開始の時点で善意無過失であったことから、162条2項の取得時効の要件を満たす。

　もっとも、B・Cは相続権侵害の事実を知って直ちに本件訴えを提起しているため、B・Cの相続回復請求権は884条によっては消滅していない。かかる場合に、Aによる取得時効の援用が認められるかが問題となる。

　この点について、相続回復請求権について特別の消滅時効が定められていること（884条）を理由として、取得時効の援用を否定する見解がある。

　しかし、取得時効の成立を否定すると、884条は取得時効による法的安定・取引安全に反する機能を果たすことになり、妥当でない。

　そこで、取得時効の援用は認められると解する。

　本件でも、Aによる取得時効の援用は認められる。よって、B・Cによる甲土地の所有権移転登記の抹消と明渡しを求める訴えは棄却されるべきである。

事項索引

判例索引

呉　明植（ごう　あきお）

　弁護士。伊藤塾首席講師（司法試験科）。慶應義塾大学文学部哲学科卒。2000年の旧司法試験合格直後から、慶應義塾大学法学部司法研究室および伊藤塾で受験指導を開始。「どんなに高度な理解があったとしても、現場で使えなければ意味がない」をモットーとした徹底的な現場至上主義の講義を行い、司法試験予備試験および司法試験において毎年多数の短期合格者を輩出。とりわけ、天王山である論文試験の指導にかけては他の追随を許さない圧倒的人気を博し、伊藤塾の看板講師として活躍を続けている。

　公式ブログ：「伊藤塾講師　呉の語り得ること。」
　　　　　　　（http://goakio.blog95.fc2.com/）

家族法（親族・相続）【伊藤塾呉明植基礎本シリーズ9】

2023（令和5）年6月30日　初版1刷発行
2024（令和6）年4月15日　同　2刷発行

著　者　呉　明植

発行者　鯉渕友南

発行所　株式会社　弘文堂　　101-0062　東京都千代田区神田駿河台1の7
　　　　　　　　　　　　　　TEL 03（3294）4801　　振替 00120-6-53909
　　　　　　　　　　　　　　https://www.koubundou.co.jp

装　丁　笠井亞子

印　刷　三美印刷

製　本　井上製本所

ISBN978-4-335-31438-4

伊藤塾呉明植基礎本シリーズ

愛弟子の呉明植が「伊藤真試験対策講座」の姉妹シリーズを刊行した。切れ味鋭い講義と同様に、必要なことに絞った内容で分かりやすい。どんな試験でも通用する盤石な基礎を固めるには最適である。　　　　　伊藤塾塾長　**伊藤　真**

- ▶どこへいっても通用する盤石な基礎を固める入門書
- ▶必要不可欠かつ必要十分な法的常識が身につく
- ▶各種資格試験対策として必要となる論点をすべて網羅
- ▶一貫して判例・通説の立場で解説
- ▶シンプルでわかりやすい記述
- ▶つまずきやすいポイントをライブ講義感覚でやさしく詳説
- ▶書き下ろし論証パターンを巻末に掲載
- ▶書くためのトレーニングもできる
- ▶論点・項目の重要度がわかるランク付け
- ▶初学者および学習上の壁にぶつかっている中級者に最適

憲法［第2版］	3000円
民法総則［第3版］	3000円
物権法・担保物権法	2500円
債権総論	2200円
債権各論	2400円
家族法(親族・相続)	2300円
刑法総論［第3版］	2800円
刑法各論［第3版］	3000円
商法(総則・商行為)**・手形法小切手法**	
会社法	
民事訴訟法	
刑事訴訟法［第3版］	3900円

弘文堂

＊価格(税別)は2024年4月現在